Joseph Bergmann

Pflege der Numismatik in Österreich im XVIII. Jahrhundert

mit besonderem Hinblick auf das k. k. Münz und Medaillen-Cabinet IV

Joseph Bergmann

Pflege der Numismatik in Österreich im XVIII. Jahrhundert
mit besonderem Hinblick auf das k. k. Münz und Medaillen-Cabinet IV

ISBN/EAN: 9783743405080

Hergestellt in Europa, USA, Kanada, Australien, Japan

Cover: Foto ©ninafisch / pixelio.de

Manufactured and distributed by brebook publishing software (www.brebook.com)

Joseph Bergmann

Pflege der Numismatik in Österreich im XVIII. Jahrhundert

PFLEGE DER NUMISMATIK

IN ÖSTERREICH

DURCH PRIVATE, VORNEHMLICH IN WIEN

BIS ZUM JAHRE 1862

(VIERTE ABTHEILUNG)

VON

JOSEPH BERGMANN

WIRKLICHEM MITGLIEDE DER KAIS. AKADEMIE DER WISSENSCHAFTEN

WIEN

AUS DER K. K. HOF- UND STAATSDRUCKEREI

IN COMMISSION BEI KARL GEROLD'S SOHN, BUCHHÄNDLER DER KAIS. AKADEMIE
DER WISSENSCHAFTEN

1863

> — *si quid novisti rectius istis,*
> *candidus imperti; si non, his utere mecum.*
> Horat.

Wir haben in drei Abhandlungen über die „**Pflege der Numismatik in Österreich** im XVIII. und XIX. Jahrhunderte", einen historischen Abriss von den verdienstvollen, ja grossen Leistungen auf dem umfangreichen Gebiete der Numismatik in unserm Vaterlande in diesen Sitzungsberichten niedergelegt, und zwar von denen, welche nicht nur von Beamten am k. k. Münz- und Antikencabinete, sondern auch von Ordensbrüdern, namentlich Jesuiten und Benedictinern, zum Frommen der Wissenschaft an's Licht gefördert wurden.

Die erste Abhandlung oder **Abtheilung** enthält die Zeit von Heraeus bis auf Eckhel (von 1709 — 1774) unter den Kaisern Joseph I. und Karl VI., der schon als Prinz viel mit der Münzkunde sich beschäftigte und auf seinem Zuge nach Spanien ein kleines Münzcabinet, das spanische genannt, mit sich führte, ferner unter K. Franz I. und seiner erhabenen Gemahlinn. S. Sitzungsberichte 1856, Bd. XIX, S. 31—108.

Die Resultate unserer Studien gaben wir in biographisch-historischer Form und möglichst in chronologischer Folge mit Rückblicken auf frühere Perioden unseres Faches in Österreich und auf drei vormalige Münzsammlungen des kaiserlichen Hauses; diese sind: *a)* das alte österreichische von Kaiser Ferdinand I. herstammende und von Kaiser Karl VI. durch den vielseitig gelehrten Heraeus beträchtlich vermehrte **Hauscabinet** in Wien, dessen geschichtlichen Abriss wir im Bd. XIX. 64—75 mitgetheilt haben; *b)* die im Schlosse **Ambras** in Tirol verwahrte erzherzogliche **Münz-Sammlung** (das. S. 59—64), die dem so eben genannten Hauscabinete in den Jahren 1713 und 1714 einverleibt wurde; *c)* das **moderne Münz-** und **Medaillen-Cabinet** des Kaisers Franz I., welches nach dessen Hinscheiden (1765) die Kaiserinn Maria Theresia mit den beiden vorigen vereinte, wodurch ein grosses, reiches, wahrhaft **kaiserliches Münzcabinet** entstanden ist (das. S. 75—78).

Zur klaren Übersicht wollen wir die Männer, welche sich auf dem numismatischen Felde in Österreich, insbesondere in Wien als k. k. Beamte oder als Mitglieder geistlicher Körperschaften ausgezeichnet haben, nach der Reihe der drei Abhandlungen (um sie leichter aufzufinden) namhaft machen. In den ersten Zeitabschnitt gehören:

I. Karl Gustav Heraeus aus Stockholm von 1709 bis um 1725.

II. Abbate Johann Baptist Banagia oder Panagia aus Calabrien, von 1727—1730.

III. [1]). Karl Granelli aus Mailand, Jesuit, Beichtvater der Kaiserinn Amalia, Erasmus Froelich's Lehrer, † 1739.

IV. Christian Edschlager aus Wien, Jesuit und Missionär, der die Numismatik in einem lateinischen Lehrgedichte besang, † 1742.

V. Leopold Grueber aus Rohrbach in Niederösterreich, Jesuit, † 1773.

VI. Chrysostomus Hanthaler aus Marenbach im Innviertel, Cistercienser zu Lilienfeld, † 1754.

VII. und VIII. Die beiden Benedictiner des Reichsstiftes St. Blasien: *a)* Marquard Herrgott aus Freiburg im Breisgau, der von

---

[1]) Die Männer von Nr. III—VIII, dann XI und XII waren am k. k. Münzcabinete nicht angestellt; de France sub IX hatte nur die Oberaufsicht über das Cabinet, und war bei der Herausgabe des Prachtwerkes „Monnoies en or et en argent" vorwiegend thätig; alle Anderen waren Beamte am k. k. Münzcabinete.

1728—1748 in Wien lebte und 1762 zu Krotzingen starb; und *b)* Rusten Heer aus Klingnau im Aargau, † 1769.

IX. Joseph de France, angeblich aus Besançon, General-Director der k. k. Schatzkammern und Gallerien, starb 1761 und ruht bei St. Stephan.

X. Valentin Jamerai Duval aus Artonay in der Champagne, von 1748—1775 in Wien.

XI. Erasmus Froelich aus Grätz, Jesuit, ein sehr gelehrter Bibliothekar im k. k. Theresianum in Wien, † 1758.

XII. Joseph Khell von Khellburg aus Linz, Jesuit und Professor, Eckhel's Lehrer, † im k. k. Theresianum 1772.

Die zweite Abtheilung (Bd. XXIV, S. 296 — 354) enthält die 24 Jahre, von Eckhel's Eintritt in's k. k. Cabinet bis zu dessen Tode (von 1774—1798).

XIII. Johann Baptist Verot aus Boulay in Deutsch-Lothringen kam durch Duval in's k. k. Institut, ward Director der Sammlung der modernen Münzen und Medaillen und starb am 26. September 1786.

XIV. Joseph Hilarius von Eckhel, aus adeligem Geschlechte, geboren zu Enzersfeld bei Wiener-Neustadt am 13. Jänner 1737, Jesuit, Schöpfer des wissenschaftlichen Systems der antiken Numismatik, kam in's k. k. Cabinet am 1. März 1774, ward Director der antiken Münzen und starb am 16. Mai 1798. — Über dessen Familie nebst Abbildung seines Porträtes und Wappens wie auch des Facsimile's seiner Handschrift (s. Bd. XXIV, S. 303—351).

Die dritte Abtheilung im Bande XXVIII, S. 537—598 umfasst „das k. k. moderne Münz- und Medaillen-Cabinet" von 1783—1798, dann das auf Anordnung des Kaisers Franz II. nach Eckhel's Hintritt damit vereinigte antike Cabinet, das nunmehrige k. k. Münz- und Antiken-Cabinet unter dem Director Neumann von 1798—1816. Mit einem Anhange über die Beamten an diesem k. k. Institute unter und nach Neumann bis 1858.

XV. Abbé Franz de Paula Neumann, geboren 1744 zu Krems, erst Augustiner-Chorherr zu St. Dorothea in Wien, ward am 5. Februar 1783 neben dem greisen Verot Director des modernen Münz-Cabinets, später Director der vereinten k. k. Cabinete, † 7. April 1816 (s. das. S. 538—570.).

XVI. Karl Schreiber aus Wien, war am k. k. Cabinete von 1765—1815, erster Custos und Directors-Adjunct.

XVII. Johann Grueber, in Wien um 1776 geboren, trat 1794 in's Antikencabinet ein und starb vielversprechend am 5. Februar 1811.

XVIII. Alois Primisser, zu Innsbruck am 4. März 1796 geboren, ward am 14. Juli 1814 Praktikant bei der k. k. Ambraser Sammlung und am 14. April 1816 Custos am k. k. Münz- und Antikencabinete wie auch der k. k. Ambraser Sammlung, ein reichbegabtes Talent mit vielseitiger Ausbildung, † 25. Juli 1827.

XIX. Franz Fidelis Wachter, 1773 in der Reichsstadt Wangen geboren, Autodidakt, ward zugleich mit Primisser am 14. April 1816 zum Custos ernannt und starb am 13. September 1834.

Dermals sind noch am Leben:

XX. Anton Steinbüchel von Rheinwall, geboren zu Krems 1790, trat als Praktikant am 19. Jänner 1809 ein, ward Custos am 11. Februar 1811, Director 17. Jänner 1819, quiescirt am 10. März 1840, lebt in Triest.

XXI. Joseph Calasanza, seit 1861 Ritter von Arneth, geboren zu Leopoldschlag in Oberösterreich 1791, ward am 26. März 1811 Praktikant, am 23. Juli 1813 Custos und am 2. Mai 1840 Director.

XXII. Joseph Bergmann, am 13. November 1796 zu Hittisau im Bregenzerwalde geboren, Gymnasiallehrer zu Cilli, ward am 13. Juni 1828 zum Custos am k. k. Münzcabinete und der k. k. Ambraser Sammlung ernannt.

XXIII. Franz Vincenz Eitl, geb. zu Leitmeritz am 14. September 1800, Gymnasiallehrer zu Cilli und Gitschin, dann Professor am Lyceum zu Přemysl, ward Custos 27. März 1835, trat in Pension den 8. September 1861.

XXIV. Johann Gabriel Seidl, geb. zu Wien am 21. Juni 1804, Gymnasiallehrer zu Cilli, ward Custos am 2. Mai 1840 wie auch k. k. Schatzmeister am 19. November 1856.

XXV. Dr. Eduard Freiherr von Sacken, geb. zu Wien am 3. März 1825, trat als Amanuensis in's k. k. Cabinet am 1. Juni 1845, ward Custos den 10. August 1854.

XXVI. Dr. Friedrich Kenner, zu Linz am 15. Juli 1834 geboren, ward Amanuensis am 29. August 1854 und Custos am 21. Jänner 1862.

Künstler am k. k. Münz- und Antikencabinete waren:

1. Franz Thaler aus Wörgl in Tirol, geb. 1759, ward 1804 Antikencabinets-Bildhauer, † 25 April 1817.

2. Joseph Georg Mansfeld, seit 2. August 1812 Titular-Cabinetszeichner und Kupferstecher, das Decret der wirklichen Anstellung ward am 20. December 1817 ausgefertigt und er starb am folgenden Tage.

3. Peter Fendi, ein ausgezeichneter Künstler besonders als Genremaler, geb. zu Wien am 4. September 1796, ward am 14. Juni 1818 als k. k. Cabinetszeichner und Kupferstecher angestellt und starb am 28. August 1842. Ihm folgte sein Schüler

4. Albert Schindler, am 19. August 1805 zu Engelsberg in k. k. Schlesien geboren, ward am 29. September 1842 angestellt, gestorben am 5. Mai 1861.

5. Theodor Petter, geboren zu Wien den 29. Mai 1822, ward angestellt am 15. Mai 1861.

Der österreichische Adel, der in früherer Zeit, besonders im XVI. und XVII. Jahrhunderte, einen schönen Theil seiner Bildung, Sprachen- und Sachkenntniss von auswärtigen, vornehmlich deutschen, holländischen und italienischen Universitäten und Reisen in die Heimat brachte, gewann auch Geschmack an Gemälden und Kunstwerken mannigfaltiger Art, wovon die berühmten Gallerien unseres hohen Adels die lobenswerthesten Beweise geben.

Die grossen Geschlechter hatten und haben noch theils in der Residenz, theils auf ihren Schlössern und Edelsitzen ihre Bibliotheken und Archive, welche im Interesse der Familien- wie der Landesgeschichte kundigen Forschern mehr und mehr zugänglich werden; manche dieser hochadeligen Familien, zumal an zwanzig derselben münzberechtigt waren, hatten auch ihre Münzsammlungen, von denen einige theils mit ihrem Erlöschen, theils im Drange der Noth oder aus Unwissenheit und Gleichgiltigkeit der Enkel im Ganzen oder stückweise im Wege der Versteigerung in fremde Hände gelangten. Die Familien von Liechtenstein, Schwarzenberg und sicherlich mehrere andere haben Münzsammlungen oder für sie werthvolle Medaillen, die wir nicht kennen und nicht leicht aufsuchen und einsehen können.

So hatte Wien von Kaiser Maximilian's I. Zeit an seine Sammler und Sammlungen; zuerst nennen wir **Cuspinian**, dessen gelehrten Rath, Leibarzt und nach Celtes' Tode († 1508) Bibliothekar, der wohl unter die ersten Sammler, wenigstens in Deutschland gehört, obwohl auch in Italien das älteste numismatische Werk im Jahre 1517 erschienen ist. Cuspinian's Zeitgenosse, der Arzt und Professor Ulrich Fabri [1]), von 1524—1532 viermal Rector der Hochschule, sagt in der Zueignungsschrift: Angeli Politiani Libellus, cui nomen Lamia. Viennae 1517 per Hieronymum Victorem an Sebastian, Johann Cuspinian's Sohn: — — „Taceo instrumenta egregie exsculpta. Taceo picturas mirae cujusdam antiquitatis effigiem prae se ferentes. Quid? referam tot diversae formae numismata, atque imagines? Hieraus erhellet, dass Cuspinian († 1529) Sculpturen, Gemälde und eine nicht unbedeutende Sammlung von Münzen verschiedenen Modüls besessen hat.

Diesem reihen wir an Leopold Heyperger, Kaiser Ferdinand's I. Schatzmeister und Burggrafen zu Wien († 1557), der eine von Wolfgang Lazius geordnete Münzen- und Antiquitäten-Sammlung hatte (s. meine Medaillen, I. 45 f.).

Hermes Schallautzer, in den Jahren 1538 und 1539 Bürgermeister, dann Baudirector († 1563), unter dessen Leitung nach des hochverdienten Feldhauptmanns Leonhard II. Freiherrn von Vels' Tode († 1545) Wien die Befestigung seiner Basteien zu verdanken hatte, sammelte die bei diesem Baue ausgegrabenen Waffen, Münzen, Särge und Römersteine und gab das seltene Werk, wohl das erste dieser Art in Wien, heraus unter dem Titel: Exempla Aliquot S. (acrae) vetustatis Rom. in Saxis quibusdam operâ nobilis viri, D. Hermetis Schallauczeri caes. Maiestatis Consil. et Architecturae praefecti, hic Viennae erutis, Vnà cum interpretatione Wolfgangi Lazij [2]) Med: et Historici. Viennae. Anno M.D.LX. 39 Blätter in kl. Folio. (vgl. meine Medaillen, I. S. 296—299).

Ob Christian Tannstetter, Sohn des berühmten Arztes, Mathematikers und Astronomen Georg Tannstetter [3]), Rath und Bürger

---

[1]) Dieser Ulrich Fabri, nicht aus Thorberg im Canton Bern, wie Denis in seiner Buchdruckergeschichte Wiens S. 151 und 165 annimmt, sondern — da er sich selbst öfters Rhetus nennt und Vorarlberg im Lateinischen Rhaetia Austriaca genannt wird — aus Torenbüren, war Hellenist und einer der belesensten Humanisten jener Zeit in Wien (s. meine Medaillen, Bd. I, 190).

[2]) Wolfgang Lazius, von mütterlicher Seite Schallauczer's Neffe, † 19. Juni 1565 und ruht in der Kirche zu St. Peter.

[3]) Georg Tannstetter, Collimitius von seinem Geburtsstädtchen Hain (von contimes., Grenze, Rain, d. i. Rainer) an der Grenze Schwabens genannt.

der Stadt Wien († um 1568), der ausgezeichnete Gemälde besass, auch einer Münzsammlung sich erfreute, vermögen wir weder zu bejahen noch zu verneinen.

Christoph Adam Pernberger zu Egenberg hatte eine mit vieler Mühe und grossen Unkosten gesammelte Kunstkammer, welche der kunstliebende Erzherzog Leopold Wilhelm am 20. April 1660 besichtigte, wie auch Münzen, die der reiche Freiherr von Windhag [1]) an sich brachte und die antiken Münzen nach den vier Weltmonarchien eintheilte. Diese Sammlung enthielt auch Münzen von den römisch-deutschen Kaisern, den europäischen Königen, Fürsten, Grafen und Städten und zählte 19.574 Stücke (wovon 9000 in Silber, die anderen in Bronze), die wahrscheinlich nach des Grafen sohnlosem Tode an das k. k. Münzcabinet gekommen sind. S. Topograph. Windhag. 2. Auflage, S. 19 f.; vergl. meine Medaillen, I. 173 f. Ohne Zweifel waren zu Wien in dieser und späterer Zeit noch andere Sammlungen, deren Dasein uns unbekannt geblieben ist.

Die Noth, welche aus dem grossen und langwierigen Kriege gegen Frankreich in den Familien erwuchs, forderte unablässig schmerzliche Opfer an Menschenleben und materiellen Mitteln. Manches Gold- und Silberstück, das als Andenken oder Schatzgeld in einem Schranke oder Beutelchen durch Menschenalter begraben gelegen, ward hervorgesucht, um die drückendsten Bedürfnisse zu befriedigen. Nach Beendigung dieses gewaltigen Krieges, welcher ungeheure Kräfte verschlungen hatte, nahm bei erweitertem Gesichtskreise und wachsendem Wohlstande in kurzer Zeit, besonders in unserer Reichshauptstadt, das Sammeln von Münzen und Medaillen einen lebhaften Aufschwung, das Sammeln ward Mode. Nicht nur Cavaliere, Gelehrte und Künstler, sondern auch Militärs, Beamte und reiche Privatleute, selbst Frauen legten zur Belehrung und zum Vergnügen, wohl auch aus Ostentation und gewinnbringendem Interesse Münz- und Medaillen-Sammlungen an; derlei Sammlungen im Werthe von 10.000—30.000 Gulden gehörten nicht mehr zu den Seltenheiten. Viele dieser Sammler waren Universali-

---

[1]) Joachim Enzmüller, 1600 zu Babenhausen in Schwaben geboren, hob sich durch Talent, Fleiss und Wissenschaft im Jahre 1651 in den Freiherren- und 1669 in den Grafenstand und zu grossem Reichthum empor. Er ist der Stifter der Windhagschen Bibliothek, die 1784 der Universitäts-Bibliothek einverleibt wurde. Er starb zu Windhag am 21. Mai 1675.

sten, d. h. sie sammelten Stücke von allen Ländern und Zeitaltern, andere hatten nach ihren Geldmitteln und dem Grade ihrer Kenntnisse und ihres Geschmackes, wie auch nach der ihnen sich darbietenden Gelegenheit schöne systematisch geordnete Sammlungen von einzelnen Staaten und Epochen, ja wir hatten sogar Sammler von Zwanzigern, Groschen und — Knöpfen.

Wie von Seite des kaiserlichen Hofes unter Karl VI., seiner erhabenen Tochter und ihrem Gemahle K. Franz I., wie auch deren Enkel K. Franz II. die Numismatik durch Heraeus, Erasmus Froelich, Duval, Eckhel, später durch Neumann und ihre Nachfolger im Amte gehegt und gepflegt wurde, haben wir in den drei früheren Abtheilungen dargelegt. Die prachtvollen Publicationen der Monnoies en or et en argent, qui composent une des differentes parties du Cabinet Impérial, welche unter den Auspicien der grossen Kaiserinn selbst mitten in den Bedrängnissen des siebenjährigen Krieges an's Licht traten, weckten einerseits das Interesse für die Numismatik im In- und Auslande. Selbst eine Tochter der Kaiserinn, die Erzherzoginn Maria Anna, pflegte mit aller Vorliebe die Medaillenkunde, sie verfasste, wie wir hören werden, die Histoire métallique ihrer kaiserlichen Mutter; der allen Thalersammlern wohlbekannte Dr. Madai war ein Sohn der ungrischen Bergstadt Schemnitz. Andererseits ward durch die inhaltsreichen Vorlesungen der Directoren Eckhel, Neumann und ihrer Nachfolger in fruchtbaren Boden der beste Samen gelegt, welcher trotz der Ungunst der Zeit allmählich hervorkeimte und nach Jahren reichliche Früchte trug.

Erst in diesem Jahrhunderte treten hier, wie auch in den Provinzen, besonders in Böhmen und Ungern, die Sammler, deren Geburt und Erziehung zum grössern Theile noch in's abgelaufene fällt, mit ihren Sammlungen an's Licht hervor. Wir erachten es unseres Faches und unserer Pflicht, diesen numismatischen Zeitabschnitt zu fixiren, zumal wir seit drei Jahrzehnten mit einer grossen Anzahl dieser Sammler persönlich verkehrt und ihre Sammlungen mehr oder minder eingesehen haben.

Seit längerer Zeit waren wir bemüht, über die nun dahingeschiedenen Persönlichkeiten, die wir den Freunden der Numismatik vorführen wollen, Familien- und Lebens-Notizen zu sammeln und wo möglich nachzuweisen, wie sie zur Numismatik gelangt sind.

I. Maria Anna, Erzherzoginn von Österreich, † 1789.

Die durchlauchtigste Frau Erzherzoginn **Marla Anna**, der Kaiserinn M. Theresia zweite, in Wien am 6. October 1738 geborne Tochter, ward den 2. Februar 1766 zur ersten Äbtissinn des von ihrer Mutter auf dem k. Schlosse zu Prag gegründeten adeligen Damenstiftes ernannt. Im Jahre 1781 vertauschte sie diesen Sitz mit der Residenz zu Klagenfurt, wohin sie am 23. April abreiste. Sie starb daselbst am 19. November 1789, wo sie auch ruht. Das Nähere über diese kunstfertige Erzherzoginn siehe in v. Wurzbach's biograph. Lexikon. Bd. VII, 26.

So wie Kaiser Karl VI. eine Geschichte seiner Regierung in Denkmünzen, eine Histoire métallique, begann, die aber, als sein Hofantiquar Heraeus in Ungnade gefallen war [1]), in's Stocken gerieth, ward dagegen diese Idee von dessen Tochter, der grossen Kaiserinn M. Theresia, zur Verherrlichung ihrer vierzigjährigen Regierung glücklich ausgeführt.

Die so eben genannte Frau Erzherzoginn, welche ihre Musse mit allem Eifer dem Zeichnen (deren Lehrer in diesem Fache Friedrich Brand gewesen) und der Numismatik widmete, beschrieb mit eigener Hand die Denkmünzen ihrer kaiserlichen Mutter. Dieses Manuscript, mit den betreffenden Zeichnungen, wozu sie auch den jungen Adam Bartsch [2]) verwendete, verwahrt die Bibliothek des k. k. Münz- und Antiken-Cabinets in Wien. Dasselbe ist in Grossfolio, in blauem Maroquin mit Goldschnitt eingebunden und trägt auf dem Deckel der Vorder- und Rückseite die verschlun-

---

[1]) S. meine Medaillen auf berühmte Männer des österr. Kaiserstaates. Bd. II, 410. Über dessen kais. Ungnade S. 421 und besonders 582.

[2]) Adam Ritter von Bartsch, 1757 in Wien geboren, ein Schüler des Medailleurs Domanek und des Prof. Schmutzer, verschaffte sich durch die glückliche Nachzeichnung der bis dahin unter der Kaiserinn M. Theresia in geprägten goldenen und silbernen Medaillen im Jahre 1777 die Anstellung als Scriptor an der k. k. Hofbibliothek, rückte allmählich zum ersten Custos und Hofrathe vor, erhielt 1812 den Leopold-Orden und den Ritterstand und starb zu Hietzing am 21. August 1821. Allbekannt ist dessen l'eintre graveur in 21 Bden. v. 1803—1821.

genen goldenen Buchstaben MT. Der Titel lautet in Fracturschrift: „Sammlung der unter der glorreichen Regierung der Kaiserinn Königinn Maria Theresia bishero geprägten Denkmünzen". Unten im Felde gewahrt man ein grosses Medaillon mit dem linksgekehrten Brustbilde der Kaiserinn mit dem Witwenschleier und dem Porträtmedaillon weiland ihres kaiserlichen Gemahles auf der Brust geheftet. Die Umschrift lautet: MARIA THERESIA AVGVSTA. Auf dem Rrv. sitzt die Erzherzoginn vor einer Tempel- oder Museumshalle und zeichnet mit einer Feder in ein Buch die Medaille ein, welche ihr die gegenüberstehende Pallas, zu deren Füssen rechts ihre Eule und links der Medusenschild ruhen, mit der Rechten vorhält. Rechts neben der Schreibenden liegen auf einem Tische, an dem der österreichische Wappenschild lehnt, Medaillen und Münzen. Im Abschnitte liest man in vier Zeilen: RERVM SVB AVGVSTA GESTAR.um | MONVM. enta COLLEGIT | MARIA ANNA. A. rchiducissa A. ustriae | CIƆIƆCCLXXIV.

Somit ist die Hauptarbeit im Jahre 1774 vollendet worden. Die letzte Medaille vom J. 1774 auf S. 238 ist die auf die Erneuerung und Verbesserung des lateinischen Schulwesens, eine Prämien-Medaille, auf welcher Maria Theresia MATER SCIENTIAR. um BONARVMQ. ue ARTIVM genannt wird.

Die folgenden 17 Medaillen, wovon nur vier mit einem beschreibenden deutschen Texte begleitet sind, gehören den späteren Jahren bis einschliesslich 1779 an.

Die Dedication lautet: „Monarchinn | Allergnädigste Mutter und Frau".

„Die glorwürdigsten thaten Euer kayserlichen königlichen Mayestät so sich während Dero höchstbeglückten Regirung ereignet haben, erforderten die zierlichste Feder des geschicktesten geschichtschreibers um selbige würdig für die nachwelt aufzuzeichnen; das ich aber die denckmale derjenigen thaten und begebenheiten welche bisshero durch die schaumüntzen der vergessenheit schon entrissen worden, nach der reihe zu sammlen, und in der kürze zu beschreiben zum ersten unternohmen habe; geschieht nur um den heftigen trieb zu befriedigen, wo möglich nach meinen geringen kräfften etwas zur verbreitung Dero unvergänglichen Ruhms beyzutragen; glücklich würde ich mich schätzen, wenn Euer Mayestät meinen Eyfer als ein wahres kennzeichen meiner tiefesten verehrung

und zärtlichen kindlichen liebe anzusehen allergnädigst geruhen
wollen mit welcher ich lebenslang verharren werde

   Euer kayserlichen königlichen Mayestät
     unterthänig gehorsamste
      tochter Maria Anna."

Das Ganze enthält 263 paginirte Blätter nebst fünf Blättern Inhaltsanzeige, die in chronologischer Ordnung abgefasst ist. Einige derselben haben Unterabtheilungen, wie z. B. 109*, 109**, 109***, 109****. Die Zeichnungen erstrecken sich von der ersten Medaille auf die Geburt der Kaiscrinn Maria Theresia (am 13. Mai 1717) bis 1779, S. 248, wo die achteckige Medaille auf die in den österreichischen Niederlanden durch die Vorsorge des General-Statthalters, des Herzogs Karl Alexander von Lothringen, gestillte Epidemie abgebildet ist [1]). Die nach S. 248 folgenden 15 Blätter haben weder Zeichnung noch Text, sondern stehen für beide offen gelassen. Wenn der Leser das Buch öffnet, so sieht er auf dem Folioblatte rechts vor sich **oben die mit der Feder gezeichnete Medaille**, unter ihr deren beschreibenden und mit einigen historischen Erläuterungen versehenen Text in **deutscher Sprache**, und unterhalb dieses Textes sind da und dort die kleineren Medaillen des gleichen Inhalts gezeichnet; links auf dem gegenüberstehenden Blatte (sonach auf dem Rücken des Blattes mit deutschem Texte) sieht er den **französischen** Text. Es ist jedoch zu bemerken, dass die Medaillen auf den Blättern 9, 11, 33, 73, 88, 110, 111 und 115 nur von deutschem, und die auf den Blättern 8*, 10*, 32*, 72*, 87* nur von französischem Texte begleitet sind; ferner auf den Medaillen von S. 109** an fehlt mit Ausnahme auf S. 112, 113, 114 und 116 bis 248 der französische Text gänzlich, endlich findet er auf den Blättern 10**, 157*, 182, 182*, 194*, 234*, 235*, 238** 238***, 239*, 241*, 242*, 243—248 die alleinige Zeichnung der Medaillen ohne allen Text.

---

[1]) CAR . ALEX . LOTH . DUX . BELG. . PRAEF. Dessen linksgekehrtes **Brustbild**.
R. In sieben Zeilen: GRASSANTE | PER PROVINCIAS | PERNICIALI MORBO | SALUS POPULORUM | PROCURATA | PROVIDENTIA PRINCIPIS. | M.DCC.LXXIX. Grösse 1" 4''', Gewicht: 1 1/2 Loth in Silber, achteckig.

Zur Probe der Beschreibung wählen wir die Medaille auf dem Blatte 176, welche die hohe Person der durchlauchtigsten Frau Erzherzoginn betrifft. Sie lautet:

„Über die den zweyten Hornung 1766 beschehene Ernennung der Ertzherzoginn Maria Anna zur Abtissin des adelichen Fräuleinstiffts zu Prag."

„Die kayserin königin dachte nun auch ihre älteste [1]) tochter Maria Anna anständig zu versorgen und gab ihr zu disem end den 2ten hornung mit eigener hand den ordensmantel und staab des königlichen Fräulein stiffts zu Prag: bey diser gelegenheit wurde folgende denckmüntz geprägt: auf einer Seite das Brustbild dieser Ertzherzogin mit der umschrift: Maria Anna Aust. Maria Anna von oesterreich. auf der anderen seite zeiget sich das gantze gebäude dises stiffts mit folgender umschrift: Reg. Colleg. Prag: a M: th. aug. condit. Das von der kayserin Maria Theresia erbaute königliche Prager stifft. Die unterschrift: Prima antistes inaugurata 2. Feb. 1766. Die erste Abtissin ist denn zweyten hornung ernennet worden" [2]).

Wie aus allem diesem erhellet, ist das Manuscript nicht bis zum Hinscheiden der grossen Kaiserinn (29. November 1780) fortgeführt, nicht vollendet worden.

Noch bei Lebzeiten der hohen Verfasserinn erschien dieses Werk mit deutschem und französischem Texte vollständig im Drucke unter dem Titel: Schau- und Denkmünzen, welche unter der glorwürdigen Regierung der Kaiserinn Königinn Maria Theresia geprägt worden sind. Wien, in der Johann Paul Krauss'schen Buchhandlung. 1782. Fol. Der Herausgeber ist nach der Angabe der österreichischen National-Encyklopädie. Wien 1836, Bd. V, 579 der gelehrte Numismatiker Adauctus Voigt. Das Ganze besteht aus II Abtheilungen, wovon die I. Abtheilung die Abbildung der Medaillen, von dem Wiener Kupferstecher Karl Schütz († 1800) gravirt, von Nr. I — CLXXXII, nämlich von der Geburt der Kaiserinn bis zum Hinscheiden ihres Gemahls, d. i. vom Jahre 1717 — 1765

---

[1]) D. i. die älteste noch lebende Tochter, denn die vor ihr am 5. Februar 1737 geborne Schwester M. Elisabetha Amalia starb als Kind zu Laxenburg am 7. Juni 1740.

[2]) Diese Medaille, in Gold 10 Ducaten und in Silber 1½ Loth schwer, ist in dem gedruckten Werke unter Nr. CXCI, S. 255 abgebildet und beschrieben.

nebst dem Texte in beiden genannten Sprachen in zwei Spalten enthält; die II. Abtheilung überliefert uns in gleicher Weise die Medaillen von Nr. CLXXXIII — CCXCI, von dem Regierungsantritte K. Joseph's II. bis zum Tode seiner erhabenen Mutter, von 1765 bis 1780. Das Manuscript, das uns die Medaille auf den Tod des Kaisers Franz I. S. 167 darstellt, macht daselbst keinen Ruhepunct, keine Abtheilung. Die Vorrede im gedruckten Werke musste nach Veränderung der Umstände eine audere werden. Man ersieht jedoch aus deren Schlusse, dass auch die hohe Verfasserinn bei der Herausgabe wesentlichen Antheil hatte. Der Schluss lautet im französischen Texte: — — je présente ici en ordre chronologique toutes les médailles frappées sous son glorieux regne, que j'ai fait graver exactement d'après les originaux, et je joins à chacune d'elles une legère description", Worte, welche wohl mehr auf die Erzherzoginn als auf den anonymen Herausgeber zu beziehen sind. Der deutsche Text ist in der gedruckten Ausgabe durch den gelehrten Voigt kürzer, präciser, die Orthographie nach jener Zeit correct, so auch die Interpunction richtig; auch der französische Ausdruck ist verbessert.

Wir wollen hier noch einer seltenen Medaille auf den zu Breslau am 11. Juni 1742 mit K. Friedrich II. geschlossenen Frieden erwähnen, die nur auf Seite 21 des Manuscriptes, nich aber in der gedruckten Ausgabe abgebildet und beschrieben ist, wohl aus dem Grunde, weil sie eine Privatmedaille ist. Sie ist in den Katalogen von Ampach, Bd. II, Nr. 11.360 und von v. Wellenheim, Bd. II, Nr. 7856 beschrieben. Nach der Aufzeichnung der hohen Verfasserinn ist sie in Brüssel geprägt. Der Stempel ist vom holländischen Medailleur N. icolaus V. an S. winderen geschnitten, der auch im Auftrage der Stadt Haag die Denkmünze auf das III. Seculum (1740) der Buchdruckerkunst mit dem Bildnisse des Lorenz Coster verfertigt hat.

Das Anzeigeblatt des XXI. Bandes (1823) der Wiener Jahrbücher der Literatur enthält zu diesen gedruckten Schau- und Denkmünzen ergänzende Beiträge aus einem ältern Manuscripte, das von einer ungenannten Hand geschrieben uns aber nicht mehr bekannt ist. In demselben sind zugleich auch die im römisch-deutschen Reiche und überhaupt im Auslande geprägten Stücke, zweiundsiebenzig an der Zahl, aufgenommen, welche eine nähere

Beziehung auf die durchlauchtigste Familie des österreichischen
Hauses und seine Geschichte haben. Besonders machen wir aufmerksam
S. 10 zu Nr. CCLXXXVIII. *b* (der gedruckten Ausgabe) auf die
Inschrift zweier Sterbemünzen (zu „30 und 10 Kreuzer") des Herzogs Karl Alexander von Lothringen, Bruders des Kaisers Franz I.
Dieselbe enthält 41 Anfangsbuchstaben auf der Vorderseite, welche
nach einer alten Aufzeichnung auf einem gleichzeitigen Papierblatte
im k. k. Münzcabinete folgende Bedeutung haben: C. arolus A. lexander. D. eliciæ G. entis S. uæ (seu D. ccus G. eneris S. ui) A. tque
B. elgarum G. loria O. rdinis T. eutonici A. dministrator. E. jusdemque P. er G. ermaniam E. t I. taliam M. agnus M. agister D. ux
L. otharingiae E. t B. arri S. acri R. omani I. mperii E. t C. æsureæ
A. c R. egiae A. postolicæ M. ajestatis M. areschallus T. ribunus
D. uarum L. egionum P. edestrium E. t G. ubernator G. eneralis
B. elgii A. ustriaci. Im Felde dessen mit dem Herzogshute gekröntes
Wappen. Vgl. Köhne's Zeitschrift für Münzkunde, Bd. IV. (1844),
S. 312 f.

R. in neun Zeilen: † — NATVS — 12. DECEMBER (sic) 1712
— ELECTVS — IN SVPR. emum ADM. inistratorem PRVSS. iae —
ET M. agnum MAG. istrum O. rdinis T. eutonici — 3. MAY. 1761 —
DEFVNCTVS — 4. IVLY. 1780—R. equiescat I. n P. ace. Unten auf
dem grössern Stück: 40. EINE F. eine MARCK, und auf dem kleinern:
120 EINE F. eine MARCK.

Anmerkung. Die Bibliothek, die Mineralien- und Münzen-Sammlung der Erzherzogin kamen nach v. Wurzbach's biographischem Lexikon, Bd. VII, S. 27, grösstentheils an die Pesther
Bibliothek.

II. Michael Gottlieb Agnethler, † 1780.

II. Michael Gottlieb Agnethler, Sohn des Hermannstädter Rectors Daniel Agnethler, im Jahre 1719 daselbst geboren,
studirte im Jahre 1742 zu Magdeburg, ward Doctor der Philosophie
und Medicin, körperlich schwach und kaum zum Professor der
Archäologie und Beredtsamkeit in Helmstädt ernannt, starb er daselbst
am 15. Jänner 1752. Ausser anderen Schriften naturhistorischen
und medicinischen Inhaltes gab er mit einer Vorrede heraus: Martin
Schmeizel's Erläuterung Gold- und Silberner Münzen von Siebenbürgen, welche zugleich auch die merkwürdigen Begebenheiten

des XVI., XVII. und XVIII. Jahrhunderts in selbigem Fürstenthum zu erkennen giebet. Halle 1748, S. 96, in 4., mit 52 Münzen und Medaillen auf VIII Tafeln. Dessen andere Werke s. in Dr. von Wurzbach's biograph. Lexikon des Kaiserthums (sic) Österreich. Bd. I, S. 7.

III. David Samuel von Madai, † 1780.

III. David Samuel von Madai am 4. Jänner 1709 zu Schemnitz in Ungern geboren, machte erst seine Studien in seiner Vaterstadt, dann zu Wittenberg und Halle, wo er 1732 als Doctor der Medicin graduirte und die Physicusstelle am dortigen Waisenhause erhielt. Im Jahre 1740 wurde er herzoglich Anhalt- Cöthenscher Hofrath und Leibarzt, auch war er Mitglied der kaiserlichen Akademie der Naturforscher. Kaiser Joseph der II. verlieh ihm ddo. Wien am 14. Jänner 1766 wegen der offenkundigen Beweise seiner Gelehrsamkeit, zumal höchst dessen Vater weiland Kaiser Franz I. in huldvollen Ausdrücken die Widmung des ersten Theiles seines vollständigen Thaler-Cabinets angenommen hatte (wie es im betreffenden Actenstücke des Reichsadels-Archivs lautet) den Reichsadel mit dem Ehrenworte „von" und mit der Bewilligung sich von den zu erwerbenden (sic) Gütern zu nennen. Nach demselben Actenstücke war sein Sohn Karl August damals schon Doctor der Medicin und seine zwei Töchter Friederike Henriette und Wilhelmine schon in ansehnlichen Familien verehelicht. Madai starb den 2. Juli 1780 auf seinem Gute Benkendorf bei Halle.

Die etlichen medicinischen Schriften Madai's übergehend wenden wir uns zur Münzkunde, welche seinen Namen auf die Nachwelt gebracht hat. Michael Lilienthal [1]), der Begründer des Systems, das von Madai angenommen, gemeiniglich nach diesem genannt wird, verfasste für Thalersammler ein nützliches Handbuch erst (1725) unter dem Titel: „Auserlesenes Thaler-Cabinet", das mit vermehrten Nummern 1730, dann 1735 und abermals 1747 unter dem Titel: „Vollständiges Thaler-Cabinet" durch den Dresdener Ober-Steuercassier Reineck, als dessen Schüler von Madai dankbar sich bekennt, zu Königsberg und Leipzig erschienen ist.

---

[1]) Michael Lilienthal, zu Liebstadt in Ostpreussen am 8. September 1686 geboren, war ein vielseitig gelehrter Mann und fruchtbarer theologischer Schriftsteller, und starb als Bibliothekar und Archidiakon zu Königsberg am 23. Jänner 1750.

Als diese letzte, um 849 Nummern vermehrte Auflage bald vergriffen war und bei erweiterter Kenntniss auch die Theilnahme des Publicums an derlei Sammlungen wuchs, wozu das Prachtwerk „Catalogue des Monnoies en argent du Cabinet Impérial. Vienne 1756, in Fol." wesentlich beitrug, fühlte Madai sich veranlasst, unter demselben Titel ein neues, ansehnlich vermehrtes Werk herauszugeben. Der erste Theil erschien gleichfalls zu Königsberg im Jahre 1765, ist dem ersten Mäcen der Numismatik seiner Zeit, Sr. römisch-kaiserlichen Majestät Franz I., der am 18. August desselben Jahres zu Innsbruck gestorben ist, gewidmet und enthält 2384 Nummern in gleicher Zahl und in derselben inneren Anordnung, wie die Lilienthal-Reineck'sche Ausgabe, aber mit Bemerkungen bei den einzelnen Stücken, Citaten u. s. w. bereichert; der zweite Theil vom Jahre 1766, der der Kaiserinn Maria Theresia gewidmet ist, zählt 5332 Nummern; der dritte Theil, auf dessen Titelblatte der Verfasser sich von Madai nennt, ist ddo. Halle 11. Mai 1767 dem Kaiser Joseph II. gewidmet und enthält in derselben Ordnung weitere Bereicherungen und Ergänzungen zu den früheren Nummern. Zum Schlusse folgen drei Fortsetzungen in den Jahren 1768, 1769 und 1774, zusammen mit 1898 Nummern oder Stücken.

Wir müssen hier bemerken, dass Madai manche Stücke als Thaler in sein Cabinet aufnahm, welche keine Thaler, sondern nur thalerförmige Medaillen sind, indem das Geldmünzen die Münzberechtigung erheischt.

Anmerkung. Nun erfreuen wir uns eines neu begonnenen „Thaler-Cabinets", eines mustergiltigen Werkes, an welchem von Madai seine wahre Freude hätte. Es enthält die Beschreibung aller (?) bekannt gewordenen Thaler, worin auch alle diejenigen Stücke aufgenommen wurden, welche in von Madai's Thaler-Cabinet beschrieben worden sind, von Herrn Karl Gustav Ritter von Schulthess-Rechberg aus Zürich, der eine überaus reiche und seltene Thalersammlung besitzt, die vorzüglichen öffentlichen und Privatsammlungen in Deutschland und in der Schweiz gesehen und die Herausgabe dieses umfassenden Werkes sich als schönes Ziel seiner Wirksamkeit vorgesteckt hat.

Der erste Band erschien 1840 in Wien, wo der Herr Verfasser, um sowohl das k. k. Münzcabinet als auch mehrere Privatsammlungen zu seinem Zwecke zu benützen, durch ein paar Jahre im Kreise mehrerer Freunde und Fachgenossen, besonders des von ihm vor allen hochverehrten Herrn F. M. L. de Traux (s. Nr. XXVII) weilte, ist mit vollstem Rechte dem Urenkel des Kaisers Franz I. und Maria Theresia's, Sr. k. k. apostolischen Majestät Ferdinand I. gewidmet und enthält die Thaler der „Kaiser und Könige" in 2597 Nummern, mit genauer Angabe der von Madai'schen Nummern in Klammern; der zweite Band, Abtheilung I, Wien 1845, enthält die „Päpste und Erzbischöfe" von Nr. 2598—4058; Abtheilung II, Wien 1846 „Bischöfe, Ordensmeister, Äbte, Pröpste und Äbtissinnen" von Nr. 4059—5812; der dritte Band, Abtheilung I, erschien 1862 zu München, wo Herr von Schulthess-Rechberg seit Jahren lebt und enthält die Thaler von „Anhalt, Baden, Bayern, Berg, Birkenfeld (Oldenburg), Brandenburg und Braunschweig bis inbegriffen die mittlere Braunschweig'sche Linie zu Wolfenbüttel", von Nr. 5813 bis 6694. Den Werth dieses trefflichen Werkes erhöhen die sorgfältige Angabe der wichtigsten, im letzten Bande hin und wieder zu weit ausgedehnten historischen Daten eines jeden Münzherrn, wie auch zahllose andere Notizen, wodurch auf unsere Anregung das zeitraubende Aufsuchen und Nachschlagen in vielen, oft seltenen Büchern erspart wird.

Zur Berichtigung und Ergänzung des von Madai'schen Thaler-Cabinets siehe Lengnich's Nachrichten zur Bücher- und Münzkunde. Danzig 1780, Thl. I, 365—385.

IV. Paulinus à S. Bartholomæo.

Paulinus à S. Bartholomæo, eigentlich Johann Philipp Weszdin, am 25. April 1748 zu Hof an der Leitha in Niederösterreich geboren, ward 1768 unbeschuhter Carmelit, Missionär, später Generalvicar und apostolischer Visitator in Ostindien, dann Professor der orientalischen Sprachen und Syndicus der asiatischen Missionen in Rom, Mitglied der Akademie zu Velletri und der königlichen Neapolitanischen etc., gestorben zu Rom am 7. Jänner 1806.

Dieser tiefgelehrte Mann kam bei den damaligen Unruhen in Italien wieder in sein Vaterland, besuchte den Director Abbé Neumann im kaiserlichen Münzcabinete und beschrieb und erläuterte die in demselben verwahrten indischen Zodiacal-Münzen in dem Werke: Musei Cæsarei Vindobonensis numi Zodiacales animadversionibus illustrati etc. Vindobonae, expensis Joh. Georg. Binzii. MDCCXCIX in 4., pag. 57, mit einer Tafel Abbildungen von vier Zodiacal-Rupien, die jedoch nicht gar deutlich radirt sind.

Frà Paulin gibt zuerst die Geschichte dieser Münzen mit je einem der zwölf Himmelszeichen, die Sagen über ihren Ursprung und die Versuche sie zu erklären; im §. I, S. 13 die Beschreibung der einzelnen Münzen; der §. III, S. 28 f. enthält die Reihe der indischen Kaiser und Münzstädte aus diesen im kaiserlichen Cabinete vorhandenen Stücken, worin aber die einzelnen Stücke nicht beschrieben werden. Indess ersieht man daraus den Reichthum dieser Sammlung, die auch in diesem Fache sehr schätzbar ist. Zuletzt kommt der Verfasser auf den Ursprung der Bilder-Rupien zurück und behauptet, dass die ganze Sage, die sie der Nur Gehan Begum, der geliebten Gemahlinn des Kaisers Gehanghir beilegt, von Europäern erfunden und zuerst von Tavernier, der hochbetagt auf einer siebenten Reise in den Orient im Jahre 1689 zu Moskau starb, verbreitet worden sei. Vergl. Göttinger gelehrte Anzeigen, 1799. Stück 158 vom 5. October, S. 1572.

V. Hieronymus Weinhofer, Exjesuit, † 1808.

Weinhofer, zu Wien am 14. April 1734 geboren, trat mit 18 Jahren in den Orden der Jesuiten, lehrte vom Jahre 1765 bis zu dessen Aufhebung im Jahre 1773 in den unteren lateinischen Classen des Ordenshauses und war hierauf Hilfspriester (Operarius) in der Ordenskirche, die zur Pfarre am Hofe erhoben wurde.

Neben seinem priesterlichen Berufe widmete er sich eifrig den diplomatischen, heraldischen, numismatischen und historischen Studien, vorzüglich denen von Niederösterreich und Wien. Er brachte zuerst eine ziemlich vollständige Sammlung von kleinen österreichischen Silber- und Kupfermünzen zur Aufklärung der vaterländischen Münzkunde zusammen; ferner brachte er die Ordnung und zweckmässige Eintheilung sowohl des Archives des Bürgerspitales als auch des magistratischen zu Stande, s. österreichische National-Encyklopädie, Bd. VI, 56 und Stoeger's *Scriptores Provinc. Austriacae Societ. Jesu. Viennae* 1856, S. 393, nach welchem er ein Verzeichniss der Bisthümer und Pfarren des Erzherzogthums Österreich, Wien 1791, 12mo. herausgab, ferner einige Aufsätze in Abbé Hofstätter's († 1814) Magazin der Kunst und Literatur von 1793—1797, welche ich aber nicht namhaft zu machen vermag, indem bei wenigen der vielen Aufsätze der Verfasser genannt ist. Er starb in seinem Hause im Schlossergässchen Nr. 635 (dermals 596) am 27. Juni 1808 (Wiener Zeitung 1808, S. 3410).

VI. Joseph Ritter von Mader, † 1815.

Joseph Ritter von Mader war am 8. September 1754 in Wien geboren, wo er studirte und 1777 die juridische Doctorwürde erlangte. Im Jahre 1779 wurde er ordentlicher Professor der deutschen Reichsgeschichte und der Statistik an der Universität zu Prag, später k. k. Rath, Director des philosophischen Studiums. Wegen seiner Verdienste als Professor der Statistik wie auch der um die Numismatik verlieh ihm Kaiser Franz I. aus höchst eigener Bewegung am 2. Juli 1810 den Leopold-Orden und erhob den Ordensstatuten gemäss ihn am 10. März 1815 in den Ritterstand. Er starb zu Prag am 25. December desselben Jahres [1]). Ausser mehreren statistischen und juridischen Aufsätzen schrieb er über Numismatik, der er seine Nebenstunden widmete. Diese seine Arbeiten zeigen den grossen Umfang seiner Kenntnisse und kritische Schärfe. Nachstehende Werke brachten ihm den wohl verdienten Beifall des In- und Auslandes, als: *a)* Versuch über die Brakteaten, insbesondere über die böhmischen (aus den Abhandlungen der k. böhmischen Gesellschaft der Wissenschaften). Prag 1799, 104 Quartseiten, mit der Abbildung von 76 Stücken auf VII Kupfertafeln. Das k. k. Münzcabinet in Wien besitzt das Exemplar mit den eigenhändigen Anmerkungen des Verfassers; *b)* Zweiter Versuch über die Brakteaten. Prag 1808, mit 108 Münzen auf VI Tafeln; *c)* Kritische Beiträge zur Münzkunde des Mittelalters. Prag bei Haase 1803—1813, 8°, VI Bändchen mit vielen Münztafeln. — Sein Sohn Paul Ludwig Ritter v. Mader war Präsident des Stadt — und Landrechtes zu Linz.

VII. Joseph Müller Freiherr von und zu Mühlegg, † 1822.

Es dürfte nicht ohne Interesse sein dieses aus Zürich herstammende Geschlecht näher zu beleuchten. Jakob Müller [2]), einer der

---

[1]) Mader's Nekrolog s. in Drs. Karl Joseph Pratobevera Materialien für Gesetzkunde. Wien 1810, Bd. II, S. 392.

[2]) Nach Alberti Argentinensis Chronicon, Fugger's sogenanntem Ehrenspiegel und des Fürsten von Lichnowsky Geschichte des Hauses Habsburg. I. Bd, S. 72.

angesehensten Bürger Zürichs und fehdelustiger Feind des Grafen Rudolf von Habsburg, in dessen Hand er unversehens gefallen war, rettete sich aus dem ihm drohenden Verderben durch eine launige List [1]), ward nun dessen treuer Anhänger und bald nachher Lebensretter. Als nämlich der Graf in dem mit Hilfe derer von Zürich gegen den Freiherrn Lütold von Regensberg geführten Kriege verwundet vom Streitrosse fiel, schlug dieser Jakob Müller sich zu ihm durch, nahm ihn vor sich auf sein Pferd und entzog so dem Tode oder der Gefangenschaft den Stammvater des österreichischen Kaiserhauses.

Als Rudolf den Königsthron bestiegen hatte, schlug er nach der Sage seinen Lebensretter unter den ersten vor den Reichsfürsten zu Mainz am St. Martinstage 1273 zum Ritter und erzählte ihnen, welche sich darob höchlich verwunderten, die Ursache mit dem Beisatze, dass er hiedurch ein Beispiel zur Nachfolge geben wolle (Fugger, S. 84; von Lichnowsky I, 111). Müller ward Reichsvogt in Zürich und wählte für sich und die Seinigen das Begräbniss in dem neu erbauten Augustinerkloster zu Zürich.

Von diesem treuen Jakob Müller leiten sowohl die Freiherren Müller von Friedberg [2]) als auch die Müller Freiherren von und zu Mühlegg (auch Müllegg geschrieben) ab. Sie führen das goldene Mühlrad im schwarzen Schilde.

In dem Diplome vom 28. Jänner 1747, durch welches von der Kaiserinn Maria Theresia dem Johann Jakob Müller von und zu

---

[1]) Vgl. Leu's Schweizerisches Lexikon, Zürich 1757, Bd. XIII. S. 318 f.
[2]) Von Kaiser Joseph II. ward dem Franz Joseph Müller, Edlen von Friedberg, Ritter des k. französischen St. Michaelordens Grosskreuz, geheimen Rathe des Fürsten und Abten zu St. Gallen und Landvogte der Grafschaft Toggenburg ddo. Wien 21. März 1774 der alte Ritterstand und das Prädicat bestätiget, und durch Kaiser Leopold's II. Handbillet vom 1. September 1791 derselbe Müller von Friedberg, fürstlich St. Gallischer Minister und Landeshofmeister, in den österreichischen Freiherrenstand erhoben (nach den Acten im k. k. Adelsarchive). Er starb am 17. Februar 1803 und hinterliess den Sohn Karl Franz, ausgezeichnet durch hohe Geistesbildung und Staatsklugheit, welcher um den jungen Kanton St. Gallen sich hoch verdient gemacht hat und am 22. Juli 1836 aus diesem Leben schied. Dessen zwei Söhne sind: *a)* Beda Karl, ein vielseitig gebildeter Edelmann, vormals Präsident des Appellationsgerichtes zu St. Gallen, der am 9. Jänner 1863 zu Konstanz starb und die Tochter Mathilde, verehelichte von Chrismar, hinterliess; *b)* Beat Anton, geb. 1790, gewesener Major in k. niederländischen Diensten, der bei seiner verehelichten Tochter Corinna in Genua lebt und den Mannsstamm dieser uralten Herren von Müller beschliessen wird.

Müllegg, Ritter, der alte Ritterstand bestätiget wird, wird auf das altadelige Herkommen und die Verdienste dieses Geschlechtes um das Erzhaus Österreich hingewiesen, dass er in zulänglichen Urkunden von jenem Jakob Müller abstamme, der von Kaiser Rudolf 1274 (sic) auf dem Reichstage aus eigener Bewegnuss zum Ritter geschlagen und wegen seines tapfern und rühmlichen Verhaltens mit ansehnlichen Gütern beschenkt worden, dessen Nachkommen sich fortan adel- und ritterlich aufgeführt und in der Stadt Zürich in gutem Ansehen und Flor gelebt und daselbst Rathstellen bekleidet und adelige Lehen besessen haben; unter anderen ist Gottfried Müller, der bei weiland Herzog Leopold III. die Stelle eines Oberhofmeisters bedient, 1386 ritterlich gefallen und hat mit in der Abtei Königsfelden begraben zu werden verdienet ¹). Das Geschlecht ist bei bürgerlichen Unruhen aus Zürich nach Wallis und von da weiter in die freie Reichsherrschaft Friesen gezogen, wo er Ämter verwaltet hat.

In deren Fussstapfen trat dieser Johann Jakob Müller, der schon unter Kaiser Karl VI. im Jahre 1717 bei der österreichischen geheimen Hofkanzlei als becideter Agent aufgenommen war und besonders der ober- und niederösterreichischen Lande Nutzen und Bestes befördert, dann während des im Jahre 1733 erfolgten bourbonischen Einfalles in die österreichisch-italienischen Staaten mittelst mühsam geführter Correspondenz verschiedene gefährliche Absichten und schädliche Vorhaben frühzeitig entdeckt und hintangehalten hat. (Nach den Acten im k. k. Adelsarchive.)

Dessen Sohn Johann Christian von Müller, Hofagent und Commercien-Titularrath ward auf seine Bitte, gleich der altritterlichen, aus der Schweiz abstammenden Müller'schen Familie, mit welcher er einerlei Stammvater habe, in den Freiherrenstand erhoben wie auch dem den Müllern von Friedberg auszufertigenden Diplome mit einverleibt zu werden, am 5. März 1792 in den Freiherrenstand von und zu Mühlegg ²) erhoben.

---

¹) In Fugger's Ehrenspiegel, S. 376, wird „H. Götz Müller" unter den am 9. Juli 1386 bei Sempach Erschlagenen genannt, und dessen Wappenschild, das Mühlrad, ist daselbst S. 375, Nr. 12 abgebildet.

²) Müllegg, Hof in der Pfarre Adligenschweil in der Luzern'schen Landvogtei Habsburg (nach Leu).

Wahrscheinlich war dieses Johann Christian's Sohn **Joseph Müller** Freiherr von und zu **Mühlegg**, k. k. privil. Grosshändler, der in einem Alter von 59 Jahren am 27. Februar 1822 in der Singerstrasse im eigenen Hause Nr. 901 an der Entkräftung gestorben ist (s. Wiener Zeitung vom 4. März 1822, S. 207). Er hinterliess als Witwe Frau Katharina von **Palocsay** und drei minderjährige Töchter, wie auch einen Bruder **Ferdinand**, k. k. niederösterreichischen Regierungsrath, Ritter der Ehrenlegion, mit welchem das Geschlecht der Müller von und zu Mühlegg erloschen sein dürfte.

Dessen universelle Münzsammlung von 10.179 Stücken kam mit der bezüglichen Bibliothek von 87 Nummern im Jahre 1825 zur Versteigerung, zu welchem Zwecke ein „Katalog einer grossen Sammlung Silbermünzen und numismatischer Bücher" verfasst und 1824 gedruckt wurde. Die in einem solchen Katalog im k. k. Münzcabinete eingetragenen Verkaufspreise zeigen nicht ohne Interesse für heutige Münzsammler den grossen Unterschied zwischen damaligen und jetzigen Preisen.

Wir wollen unsere Leser mit Darlegung der Rangordnung, in welche in diesem Kataloge die Staaten eingetheilt sind, nicht langweilen, bemerken aber dass Münzen desselben Fürsten, der mehrere Lande besessen, hier aus einander gerissen und zerstreut sind, so dass z. B. die Münzen des österreichischen Kaiserhauses nach dessen einzelnen Kronlanden zerrissen und an ganz verschiedenen Orten eingereiht sind, statt sie — nach den einzelnen, ehedem münzberechtigten Provinzen abgetheilt — in einem grossen Körper übersichtlich vereint zu haben.

VIII. Die Frauen Theresia de Roux und Maria Anna Spöttl,
† 1822.

Wir fassen zwei numismatische Frauen Wiens hier zusammen, nämlich **Theresia de Roux** und **Maria Anna Spöttl**, welche beide wahrscheinlich im Jahre 1822 gestorben sind.

A. Frau **Theresia de Roux** besass nach Franz Heinrich Böckh's Merkwürdigkeiten Wiens (Wien 1823, Bd. I, 154) eine Sammlung französischer Medaillen, welche auf verschiedene merkwürdige Ereignisse geprägt wurden, vorzüglich jene der neuern Zeit. Sie besass gemeinsam mit ihren Geschwistern de Roux das Haus Nr. 838 in der Grünangergasse, s. Schimmer's Häuser-Chronik der Stadt Wien (Wien 1849, S. 157). Ferner nach desselben Angabe S. 105 besass Therese de Roux auch das Haus Nr. 554 unter den Tuchlauben, woran der bürgerliche Tuchhändler Ignaz de Roux, der am 20. Mai 1828 in Hietzing starb, seinen Antheil hatte. Nach Böckh II, S. 33 wurde ihre Sammlung theils an Herrn Heinrich Grafen von Starhemberg, theils an Joseph Appl verkauft, ferner nach demselben Bd. I, S. 154 kaufte der eben genannte Graf, der damals im de Roux'schen Hause in der Grünangergasse wohnte, die Sammlung des verstorbenen Joseph de Roux, welcher demnach auch eine derlei Sammlung besessen hat, wenn nicht die eine und dieselbe gemeint sein sollte.

B. Maria Anna Spöttl. — Die Familie Spöttl besass schon im Jahre 1760 das Haus mit der wohl renommirten Specereihandlung und dem wohl bekannten Schilde „Zum grünen Fassel" Nr. 260 am Kohlmarkte, in welchem von 1771 — 1802 das erste Locale der k. k. privilegirten Börse gewesen ist (s. Schimmer, Nr. 260 und 939). Nach Böckh I, S. 154 hatte Frau M. Anna Spöttl, bürgerlichen Specereihändlers Witwe, eine sehr reichhaltige Thaler-Sammlung, die nach v. Madai's Systeme geordnet war und nach ihrem Tode verkauft wurde. Nach demselben Böckh, II, S. 33 besass die hinterlassene Familie im Jahre 1823 eine zweite Sammlung dieser Art.

IX. Wenzel Edler von Ankerberg, † 1824.

IX. **Wenzel Edler** von **Ankerberg**, Sohn eines armen Israeliten Namens Epstein, im Jahre 1757 geboren, kam 1771 nach Wien, studirte erst Medicin und erhielt von seinem Gönner, dem Banquier Adalbert von Henikstein, ein nicht unbedeutendes Vermächtniss. Nun wurde er Katholik und nahm den Namen Ankerberg an, wahrscheinlich nach seinem hohen Gönner Wenzel Reichsgrafen Sauer von und zu Ankerstein, Gouverneur von Tirol, der ihn wegen seiner Fähigkeiten a's Gubernial-Secretär nach Innsbruck mitgenommen hatte, und ward am 8. Juni 1789 in den Adelstand erhoben. Nach des Grafen Tode ward er Hofsecretär bei der böhmischen Hofkanzlei in Wien, wo er am 27. Juni 1824 starb. Er war ein Mann voll Geistes und mannigfaltiger Kenntnisse wie auch aus gezeichneter Schachspieler. Vgl. Drs. v. Wurzbach biograph. Lexikon des Kaiserthums Österreich. Wien 1856, Bd. I, S. 43.

Ausser einer Sammlung von Gemälden vorzüglicher Meister aus allen Schulen, dann von Mineralien (mit einem Kataloge von Mohs), geschnittenen Steinen besass er eine reichhaltige Sammlung sowohl von antiken und modernen Münzen als auch seltenen Medaillen von allen Metallen, Grössen und aus jedem Zeitalter, die er nach einem eigenen, mit grossem Fleisse ausgearbeiteten Systeme geordnet und in einem Verzeichnisse von vier Quartbänden, das zur Drucklegung bestimmt war, zusammengestellt hatte. In seiner Bibliothek befanden sich viele Prachtwerke, welche auf Numismatik und Archäologie, auf Natur- und Kunstgeschichte und besonders auf Botanik sich beziehen. Auch erfreute er sich eines sehr interessanten Albums von hervorragenden Zeitgenossen des In- und Auslandes. Viele seiner gedruckten Aufsätze sind mit Akbg bezeichnet in den Wiener Journalen, namentlich in Gräffer's Conversationsblatte.

X. Jakob Ritter v. Frank, Banquier, † 1828.

Des Thalersammlers Jakob's Ritter von Frank Vater war Johann Jakob Frank, Patricius und Mitglied des grossen Rathes der damals der schweizerischen Eidgenossenschaft zugewandten Republik und Stadt Mühlhausen im obern Elsass, von wo auch die Grafen v. Fries entstammen, welcher wegen mehrerer erspriesslichen Dienste, da er sich in den österreichischen Ländern etablirt und sich in der Societät der künftigen Tabakgesellschaft mitinteressirt hat, von der Kaiserinn Maria Theresia ddo. Wien 23. Juni (intimirt am 17. Juli) 1773 in den Ritterstand erhoben und am 10. August 1784 unter die neuen Geschlechter der niederösterreichischen Landstände aufgenommen wurde.

Dessen Sohn Jakob, Banquier in Wien, gestorben am 15. März 1828, lag mit aller Liebe und allem Eifer der Numismatik ob, kaufte einige kleine Sammlungen, suchte in rastloser Ausdauer und keine Kosten scheuend nur Seltenheiten zu gewinnen und brachte nicht unbedeutende Opfer um dem Schönen das Schönste, das Besterhaltenste zu substituiren; denn er sammelte als reicher und verständiger Liebhaber. So wurde nach und nach seine Sammlung, wenn auch nicht eine der zahlreichsten, doch eine der seltensten und besterhaltensten Stücke besonders von Thalern in weitem

Umkreise und erwarb dadurch mit Recht sich einen günstigen Ruf. Bei den Thalern waren auch einige halbe und Viertelthaler, dann mehrere Testons, jedoch nur von solchem Gepräge, von welchem keine ganzen Thaler zu haben sind. Die Sammlung war nach Madai geordnete, und wurde im October 1839 zu Wien versteigert. Nach dem von Dr. Cajetan Senoner verfassten Kataloge enthielt sie 3738 Thaler und 414 Medaillen auf berühmte Männer und Frauen. Dieser Ritter von Frank ist wohl jener in von Wurzbach's biographischem Lexikon Bd. IV, 326 mit P. Frank bezeichnete Mann, dessen jocose Weise zu sammeln Adolf Bäuerle's Theater-Zeitung 1856, Nr. 23, S. 90 „Notizen für Münzensammler" schildert.

XI. Leopold Ritter von Roschmann-Hörburg, k. k. Hofrath, † 1830.

Martin Roschmann, der Stammvater dieses Geschlechtes, war unter den Kaisern Maximilian I., Karl V. und Ferdinand I. Postmeister zu Füssen und zu Lermos in Tirol und erhielt 1553 ein schwarzes Posthorn im goldenen Felde als Wappen. Einem seiner zahlreichen Söhne, gleichfalls des Namens Martin, des Erzherzogs Ferdinand Regierungs-Secretäre, der mit Anna von Hörburg, der Letzten ihres adeligen Geschlechtes, verehelicht war, erlaubte dieser Fürst ihren Familiennamen sammt dem Wappen annehmen zu dürfen. Seitdem stehen Roschmann treu im allerhöchsten Dienste.

Einer dieser Nachkommen war Anton Roschmann, geboren zu Hall am 7. December 1694, ein Mann von umfassender Gelehrsamkeit, hochverdient um das Aufblühen der Wissenschaften in seinem Vaterlande, erst Universitäts-Notar, dann Bibliothekar der kaiserlich-theresianischen Bibliothek, indem damals die Universität zu Innsbruck keine eigene Bibliothek hatte, wie auch Archivar und Historiograph der tirolischen Stände. Unter grossen Hemmnissen und Schwierigkeiten vermochte er mit unverdrossener Mühe eine stattliche Kupferstiche-, Münzen- und Antiquitäten-, Naturalien- und Mineraliensammlung in der ihm anvertrauten Bibliothek aufzustellen und erwarb durch seine rastlosen Forschungen auf dem Gebiete der alten Geographie und Geschichte Tirols wie auch der Denkmale des Landes, besonders zur Zeit der Römerherrschaft grosse und allzu wenig gekannte Verdienste. Er war mit den gelehrtesten Zeitgenossen seines Faches deutscher und welscher Zunge, wie auch mit den Bollandisten in literarischem Verkehre und die neugegründete kurbaierische Akademie der Wissenschaften zu München wählte ihn 1759 zu ihrem auswärtigen Mitgliede. Er starb allgemein geehrt den 25. Juni 1760 und fand erst in neuerer Zeit einen würdigen Biographen an dem um Tirols Geschichte gleichfalls hochverdienten k. k. Appellationsgerichts-Präsidenten Freiherrn Dipauli v. Treuheim [1]) in „Beiträge zur Geschichte, Statistik von Tirol und Vorarlberg" 1826, Bd. II, S. 1—184 mit dem beigefügten Verzeichnisse der Roschmann'schen gedruckten und ungedruckten Schriften in CLXXXVII Nummern, deren grössten Theil die vom genannten Präsidenten gesammelte kostbare Bibliotheca Tirolensis im Ferdinandeum zu Innsbruck verwahrt.

Er hinterliess aus zwei Ehen drei Söhne und drei Töchter, jene waren: Joseph Anton aus erster Ehe, der als k. k. Appellationsgerichts-Secretär zu Klagenfurt um 1788 starb; dessen einziger Sohn Bernard Maria ward Servit und Gymnasialprofessor zu Innsbruck; der zweiten Ehe entsprossten: B. Cassian Anton, der durch des gelehrten Joseph Freiherrn v. Sperges' († 1791) Verwendung zum geheimen Haus-, Hof- und Staatsarchive nach Wien kam und als Archivar am 16. April 1806 in einem Alter von 67 Jahren kinderlos starb [2]). Er gab im Drucke heraus: Geschichte von Tirol. 2 Theile. Wien 1792—1802; und C. Anton Leopold, um 1740 geboren, k. k. Gubernial-Secretär zu Innsbruck (s. folgende Seite).

Diese drei Brüder bitten laut Angabe des k. k. Adelsarchives ddo. Wien 14. October 1783 um Erneuerung des von K. Ferdinand III. und der Erzherzoginn Claudia als Vormünderinn und Regentinn in Tirol für ihren minderjährigen Sohn Ferdinand Karl im Jahre 1644 verliehenen Adelsdiplomes (das aber nicht mehr vorhanden ist), welche Bitte von K. Joseph II. am 14. Jänner 1784 mit dem Prädicate von Hörburg allergnädigst genehmigt wurde.

---

[1]) Dessen Biographie sammt Medaille in meinem Medaillenwerke. Wien 1857, Bd. II, S. 443—455 und Taf. XXVIII, Nr. 123.

[2]) Die Angabe in der österreichischen National-Encyklop. Bd. IV, 412, dass Cassian Anton niederösterreichischer Regierungsrath und Kreishauptmann gewesen sei, ist eine irrige Verwechslung mit seinem jüngern Bruder Anton Leopold, dessen daselbst nicht erwähnt wird.

Der vorgenannte Anton Leopold v. Roschmann-Hörburg, später Gubernialrath und Kreishauptmann, erst zu Bozen, dann im Pusterthale, hatte bei der Landesvertheidigung im Vintschgau und Burggrafenamte und bei dem Aufgebote des Landsturmes und mehrerer Schützencompagnien in den Jahren 1796 und 1797 sich ausgezeichnet. Nachher war er niederösterreichischer Regierungsrath und Kreishauptmann zu St. Pölten, ward um 1819 jubilirt und wegen seiner vieljährigen treuen Dienste mit dem Ritterkreuze des kaiserlichen Leopold-Ordens geschmückt und in Folge dessen am 1. Mai 1820 in den Ritterstand erhoben. Er starb zu St. Pölten den 19 Mai 1820 in einem Alter von 74 Jahren.

Dessen Sohn Anton Leopold, am 26. December 1777 zu Innsbruck geboren, trat am 27. September 1800 in Staatsdienste und war mehrfach in der Lage in hervorragender Weise sich auszuzeichnen. So leitete er im Jahre 1809 als Unterintendant die Landesvertheidigung im Unter-Innthale, wobei er verwundet wurde und verliess Tirol erst als nach dem Friedensschlusse das Land nicht mehr zu halten war, unter den grössten ihn bedrohenden Gefahren, da von Seite des Feindes ein Preis von 3000 Ducaten auf seinen Kopf gesetzt war. Im Jahre 1813 erwarb er sich um Kaiser und Vaterland mit seltener Selbstverleugnung ausserordentliche Verdienste, welche näher zu berühren hier weder an der Zeit noch am Orte ist. In eben diesem Jahre zum Ober-Landescommissäre ernannt, organisirte und leitete er die Tiroler Landesvertheidigung bis er in die Lage kam, das Land als Repräsentant seines Kaisers von der k. baierischen Regierung zu übernehmen, worauf er daselbst eine Reihe von Organisirungsarbeiten durchführte, welche nur als Provisorien gemeint waren, sich aber so sehr bewährten, dass sie grösstentheils bis in die neueste Zeit in Geltung blieben.

Im Jahre 1815 wurde er zum Oberintendanten der kaiserlichen Armee in Italien und nach dem Einrücken in Frankreich zum Gouverneur des südöstlichen Theiles von Frankreich mit dem Sitze zu Lyon ernannt, und wusste auch diese schwierige Mission zur vollsten Zufriedenheit seines Monarchen zu lösen. Nachdem er hierauf als Hofrath bei der vereinigten Hofkanzlei bis zum Jahre 1819 gedient hatte, suchte er in diesem Jahre wegen geschwächter Gesundheit seine Versetzung in den bleibenden Ruhestand an, welche ihm auch in der ehrenvollsten Weise zu Theil wurde. Seine Verdienste wurden durch die Verleihung des Ritterkreuzes des kaiserlichen Leopold-Ordens und des goldenen Civil-Ehrenkreuzes anerkannt; auch war er als Besitzer der Herrschaft Ottenschlag am 9. October unter die neuen Geschlechter der niederösterreichischen Landstände aufgenommen. Er starb zu Wien an wiederholtem Schlagflusse am 11. Mai 1830 in einem Alter von 52 Jahren (s. Wiener Zeitung 1830, 18. Mai, S. 570) und hinterliess aus der Ehe mit Anna, Tochter des k. k. Hofrathes Alois von Roner-Ehrenwerth, die in Wien am 9. Februar 1847 gestorben ist, den Sohn Karl, geboren zu Ottenschlag in Niederösterreich am 1. Juni 1821, dermals k. k. Hofrath und Director der Kanzlei des k. k. Ministerrathes.

Anton Leopold Ritter von Roschmann - Hörburg war ein vielseitig unterrichteter, kenntnissreicher Mann und hatte eine Universal-Sammlung von Thalern und Medaillen, unter welchen sehr gute, ja auserlesene, besonders österreichische Stücke sich fanden. Auf dem Krankenlager kurz vor seinem Hinscheiden verkaufte er die Sammlung an den Münzhändler Joseph Oberndörffer, den er aus Ansbach nach Wien brieflich beschieden hatte, wie dieser mir mittheilte.

XII. Johann Michael von Held, † 1830.

Johann Michael von Held war Besitzer des freien Thurnhofes zu Brunn am Gebirge (drei Stunden von Wien), bedeutender Grundstücke und Weingärten, wo er am 8. Juni 1830 starb. Schon sein Vater gleichen Namens war ein kenntnissvoller, thätiger und ausgezeichneter Landwirth in Brunn, in dessen Bahn der Sohn mit allem Geschick und Eifer eintrat. Dieser vermehrte die Grundstücke auf 250 Joch, machte mancherlei kostspielige Versuche seine Landwirthschaft zu verbessern und zu heben, besonders förderte er den Weinbau und brachte grössern Geldumlauf in die Gegend. Im Jahre 1787 kaufte er von dem damaligen niederösterreichischen Landrechts-Vicepräsidenten Franz Bernhard von Keess († 5. Jänner 1795) den sogenannten Thurnhof in Brunn, eine ständische Realität mit obrigkeitlichen Gerechtsamen. Held bewährte sich auch durch Rath und That als Wohlthäter der Gemeinde; so wird ihm von Seite der Obrigkeit der Herrschaft Liechtenstein, zu welcher der Markt Brunn gehörte, amtlich bezeugt, dass der ärmere Theil der Unterthanen zur Winterszeit und bis zur Weinlese durch ihn die ergiebigste

Hilfe und Unterstützung ohne Aufrechnung eines Interesses erhalte, ohne welche in Missjahren ein grosser Theil der Weinberge derselben unbearbeitet bleiben, folglich veröden würde, und dass dadurch die Weincultur in der Umgebung eines grossen Vorschubs sich erfreue. In Anerkennung dieser Verdienste wurde er von Kaiser Franz II. am 24. April 1795 in den Ritterstand mit dem Ehrenworte „Edler von" erhoben (nach dem k. k. Adelsarchive). Dieser ehrenwerthe Landedelmann, welcher, wie aus Allem erhellet, anderweitig höhere Bildung hatte, besass eine bedeutende Sammlung von beiläufig 4000 Stücken antiker griechischer und römischer Münzen und Medaillen in Silber und Bronze, worunter sich auch bis hundert Stück in Gold befanden. Sie waren nach des Abbé Eckhel *Catalogus Musei Caesarei Vindobonensis Numorum veterum. Vindobonae.* MDCCLXXIX. II. Tom. in Fol. geordnet und in niedlich gearbeiteten Münzkästen aufbewahrt. Auf dem Zettelchen, der unter der einzelnen Münze lag, war auf diesen Katalog und noch überdies auf desselben berühmten Verfassers *Doctrina numorum veterum,* dann Mionnet's *Description de Médailles antiques, Grecques etc.* und dessen späteres Werk: *De la rareté et du prix des Médailles Romaines* hingewiesen, natürlich mit Ausnahme derjenigen Stücke, welche in diesen Werken nicht beschrieben sind. Herr v. Held war sorgfältigst auf das Sammeln vollkommen echter Münzen bedacht und erholte sich die Bestätigung von seinem Freunde Abbé Neumann († 1816) und dessen Nachfolger von Steinbüchel, den Directoren des k. k. Münz- und Antiken-Cabinets. Er berücksichtigte hiebei nicht allein die Seltenheit, sondern auch mit vollem Rechte die vortreffliche Erhaltung derselben. Mit dieser Sammlung war auch eine nicht unbedeutende Bibliothek numismatischer und anderer schätzbaren Werke der älteren und neueren Zeit verbunden.

XIII. Die Familie Appl, deren Medaillen und Spielmarke.

Wer über die Familie Appl sich belehren will, wird von Joseph Appl in dessen Repertorium III, 21, auf Johann von Gool de nieuwe schouburg der Nederlantsche Kunst-schilders en Schilderessen. Gravenhage 1720, Tom. II, pag. 158 verwiesen. Die etwaige Verwandtschaft muss erwiesen und darf nicht nach dem Gleichlaute des Namens ohne vollgiltigen Nachweis selbstgefällig angenommen werden.

wenn auch **Appl**, d. i. Apfel, auf die niederdeutschen Lande hinweisen mag.

Nikolaus Appl, um 1731 geboren, war mit Maria Theresia, Tochter des Kaufmannes Christoph **Pfitzenreiter**, welche im Jahre 1795 gestorben, verehelicht und starb als Hofconcipist bei der geheimen k. k. Hof- und Staatskanzlei, 68 Jahre alt, am 28. Februar 1799 [1]) in der Judengasse Nr. 531 (dermals Nr. 497), „zur heil. Dreifaltigkeit", welches Haus in jener Zeit den Appl'schen Erben gehörte [2]). Er besass eine bedeutende Münzen- und Medaillen-Sammlung, die er mit der Freude des Sammelns auf seine beiden Söhne vererbte. Der eine, Namens Franz, dessen weitere Schicksale uns unbekannt sind, nahm die Medaillen, **Joseph** die Münzen. Dieser liess zu seines Vaters Andenken zwei kleine Medaillen verfertigen, als: I. NICOL. aus APPL *S. acræ C. aesareæ. R. egiæ* CANCEL. *lariæ* AVLICAE INTIMI STATUS OFFICIALIS. Dessen **Brustbild** mit dem Zopfe in bürgerlichem Kleide, von der rechten Seite. ℞. *A.nna M.aria* THER. *esia* NATA PHITZENREITER. MATER IOSEPHI APPL NUMISMATICI. 1832. Deren **Brustbild** in ihrer Kleidung von der linken Seite. Grösse: 1 Zoll 4 Linien Wiener Masses; Gewicht: 1 11/16 Loth in Silber, gegossen und schlecht geschnitten, im k. k. Münzcabincte.

II. Die Vorderseite gleich der Medaille I. Die Kehrseite hat im Felde in zwölf Zeilen die Worte: IOS: *ephus* APPL | FIL *ius* PATRI PRIDIE | CALENDAS MARTII | MDCXCIX | ANNO Æ. *tatis* SVÆ. LXVIII. | DEFVNCTO. FVNDATORI | COLLECTIONIS NVMIS | MATVM MEDII ET RE | CENTIORIS ÆVI PROPRIO SYSTEMATE | ORDINATO. (sic) | MDCCC. (Wappen.) XXXII. Grösse: 1 Zoll 5 Linien; Gewicht: 1 1/16 Loth in Silber, gegossen im k. k. Münzcabincte.

Joseph Appl, der sich auch **Appel** schrieb, war 1767 am 6. April (und nicht am 18. Mai, wie es in von Wurzbach's biographischem Lexikon I, 54 heisst) zu Wien geboren, wurde 1786 Beamter der k. k. Münz- und Bergwesens-Buchhaltung, dann 1788 Versatzamts-Cassier, 1810 k. k. Einlösungs- und Tilgungsdeputations-Commissär und starb nach dem Todtenzettel als Commissär der priv. österreichischen Nationalbank nach langwieriger Krankheit am plötzlich

---

[1]) S. Wiener Zeitung vom 9. März 1799.
[2]) Vgl. Schimmer's Häuser-Chronik der Stadt Wien. Wien 1849, S. 93.

erfolgten Schlagflusse den 4. December 1834, in seiner Ehe mit Anna Tschuk kinderlos.

Er widmete sich von Jugend auf der mittelalterlichen und modernen Numismatik und suchte sowohl seine Thalersammlung als auch jene der kleineren Stücke (die sogenannte Groschensammlung), woran diese nach und nach überaus reichhaltig wurde, mit allem Fleisse und grossem Kostenaufwande zu vermehren. Auch war er, wie es die Natur der Sache mit sich bringt, Münzhändler und wurde auf solche Weise einer der geübtesten und erfahrensten Numismatiker in der Residenz. Er gewann eine seltene Praxis in Unterscheidung der Echtheit eines Stückes, und erfreute sich hierin eines grossen Selbstvertrauens. Leider fehlte es Appln an wissenschaftlicher und historischer Bildung wie auch an Sprachkenntniss, ja er schrieb seine Muttersprache selbst kaum mittelmässig und unorthographisch. Seine Werke sind von seinem Freunde, dem Medicinä-Doctor Joseph Franz Salesius Frank (S. 45) in sprachlicher Hinsicht durchgesehen und gefeilt worden. Als Karl Schreiber, erster Custos und Münz- und Antikencabinets - Directorsadjunct, am 20. October 1815 gestorben war[1]), competirte Appl um dessen Stelle und gründete seine Bitte vorzüglich auf den Umstand, dass er seit seinen Studienjahren sich der Münzwissenschaft gewidmet, und dem Allerhöchsten Hause durch 28 Jahre, auch sein Vater mehr als 40 Jahre gedient habe. Er wurde wegen Mangels an den erforderlichen Hilfskenntnissen, Geschichte, Sprachen etc. seines Wunsches (nach Nr. 475 der Acten des k. k. Münzcabinets ddo. 12. Jänner 1816) nicht gewährt.

Die von ihm verfassten Werke, welche wegen ihrer Anordnung und des Mangels an Registern sehr an ihrer anderweitigen Brauchbarkeit verlieren, sind: *a)* Münz- und Medaillen-Sammlung, von ihm selbst nach seinem eigenen neuen Systeme geordnet und beschrieben, zwei Bde. in 8°, Wien bei v. Trattnern 1805 u. 1808, mit dessen Porträte, auf dem er sich I. F. Appel schreibt. Der erste Band in vier Abtheilungen enthält die grösseren Münzen und Schaustücke vom XV. Jahrhunderte bis auf unsere Zeiten, mit der gehaltvollen Vorrede von J. S. Frank M. D. sammt Münzenmesser im

---

[1]) Vgl. Pflege der Numismatik in Österreich im XVIII. und XIX. Jahrhundert, Abtheil. III, in den Sitzungsberichten 1858. Bd. XXVIII. S. 571.

Wienermaasse und XIV Tafeln mit höchst mittelmässigen Abbildungen der seltensten Stücke, und unzähligen Verbesserungen von Setzfehlern. Der zweite Band folgte bei Gerold 1808, in welchem Jahre die Sammlung, deren Beschreibung eigentlich nur zu einem Auctions-Kataloge bestimmt war, verkauft wurde und nun gehört das Buch selbst zu den Seltenheiten. Es beurkundet gar sehr den Mangel aller literarischen Bildung und Kenntnisse, wesshalb es auch von manchen Recensenten sehr übel mitgenommen wurde, wie der erste Band in den Annalen der Literatur des österreichischen Kaiserthumes 1807, Bd. I, S. 68. *b)* Dessen Hauptwerk mit lateinischen Lettern ist: Repertorium zur Münzkunde des Mittelalters und der neuern Zeit. Mit Abbildungen der seltensten Münzen und Medaillen (nach seinen Zeichnungen von Enderle radirt und theils im Texte eingedruckt, theils in Tabellen angehängt). Vier Bände in sieben Theilen in 8°. Die beiden ersten erschienen in Pest bei Hartleben 1820.

Band I enthält Münzen und Medaillen der Päpste, geistlichen Fürsten und Herren. Mit einer gehaltvollen Vorrede von Herrn Dr. J. Salesius Frank, mit einem Münzmesser und XIII Münztafeln. Das Werk ist gewidmet Sr. Excellenz dem k. k. Generale der Cavallerie Nikolaus Karl Freiherrn von Vincent, Commandeur des militärischen Maria-Theresien-Ordens und ausserordentlichem Gesandten am k. französischen Hofe [1]).

Band II, Abtheilung 1, (1822) enthält die Münzen und Medaillen der deutschen Kaiser und Kurfürsten, wie auch des österreichischen Kaiserthums (sic) aus dem Mittelalter und der neuern Zeit, mit zwei Münztafeln auf einem Blatte [2]); Abtheilung 2 mit den Münzen und Medaillen aller Könige in alphabetischer Ordnung, dann der Markgrafen, Herzoge und Erzherzoge von Österreich, mit drei Münztafeln.

---

[1]) Die schön und rein geprägte Medaille auf Baron v. Vincent (1814), der auch Numismatiker war und am 10. October 1834 zu Nancy starb, ist abgebildet vor dem Vorworte dieses Bandes und beschrieben Bd. III, Abtheil. 2, S. 1185.

[2]) Die österreichischen Medaillen von S. 335—382 (Nr. 1—139) erschienen auch abgesondert als selbstständiges Heft unter dem Titel: Skizzen einer Sammlung sämmtlicher Medaillen, welche unter der Regierung Sr. kaiserlichen Majestät Franz I. von Österreich geprägt worden sind. Wien 1832. 50 Seiten und die Medaille auf die Vermählung des Kaisers im Jahre 1816 von Harnisch mit „Concordia et Virtus" als Titelvignette.

Die folgenden beiden Bände erschienen in Wien auf Kosten des Verfassers. Der dritte Band, Abtheilung I hat die Münzen und Medaillen der weltlichen Fürsten und Herren aus dem Mittelalter und der neuern Zeit. Wien 1824, mit einer Münztafel; die Abtheilung II gibt uns die Fortsetzung mit IX Tafeln. Der vierte Band, Abtheilung I und II enthalten Münzen und Medaillen der Republiken, Städte, Ortschaften, Gymnasien etc. aus dem Mittelalter und der neuern Zeit. Wien 1828 und 1829, mit VI Tafeln. Die auf Tafel III, Nr. 6 abgebildete grosse Medaille aus Glockenmetall soll nach S. 173 bei einer Thronbesteigung eines chinesischen Kaisers als Huldigungsmünze ausgetheilt worden sein! Der gelehrte Botaniker und Sinolog Stephan Endlicher († 28. März 1849) erklärte mir dieses Stück als einen ehemaligen Deckel eines Topfes mit der Abbildung der Pflanze *Salisburia adiantifolia*. —

Von Appl's kleinem Schachspiel-Unterricht sind mehrere Auflagen erschienen.

Appl's Repertorium gelangte trotz aller seiner Mängel in damaliger Ermangelung eines bessern wegen der Reichhaltigkeit des Materials, besonders bei Münzsammlern zu einem gewissen Ansehen und verbreitete des Verfassers Namen in weiteren Kreisen.

Nach dessen Tode kauften im Frühlinge 1835 der k. k. Hofrath Welzl von Wellenheim, der Banquier Isidor Löwenstern und der Münzhändler Andreas Hondl die Sammlung und theilten sich in dieselbe. Auch besass er eine bedeutende Handbibliothek der besten Werke über Numismatik und Heraldik.

Jetons und Medaille. I. Auf einem Bande die Worte: SIC FATA VOLVNT. Dessen Brustbild in gewöhnlicher Kleidung, im Dreiviertel-Profil; unten 1817, daneben C. R. Auf der Rückseite dessen Wappen, nämlich ein blauer Querbalken mit drei Sternen im goldenen Felde. Grösse: 8 Linien; Gewicht: $^1/_8$ Loth in Silber, geprägt. Spielmarke auf dessen fünfzigsten Geburtstag. Vgl. Appl's Repertor. III, Abtheilung I, S. 22, Nr. 70.

II. Av. Dem vorigen Stücke ganz gleich. R. Innerhalb eines Perlenkranzes: IOS : APPL, Im Felde ein Glücksrad; unten: zwei Palmzweige. Grösse: 8 Linien, Gewicht $^1/_{16}$ Loth in Silber, geprägt. S. daselbst Nr. 71, wo auch sub Nr. 72 und 73 zwei ähnliche Stücke beschrieben sind.

III. Im Felde ein Röschen, darüber: IOS: APPEL: unten: zwei Palmzweige. ℞. Innerhalb eines Kreises in einer rautenförmigen Einfassung der heil. Leopold, Markgraf von Österreich, aufrechtstehend, als Stifter von Klosterneuburg, Klein-Mariazell und Heiligenkreuz mit dem Kirchengebäude in seiner Rechten; zu beiden Seiten S. *anctus-Leopoldus*, in Kupfer, in Pfenninggrösse, sollte als Probestück (wozu?) gelten, im k. k. Münzcabinete. Vgl. Baron v. Bretfeld's Katalog Bd. II, Nr. 47, 430.

IV. Innerhalb einer zierlichen Einfassung Appel's Wappenschildchen. ℞. In gleicher Einfassung in sechs Zeilen: VON | ANNA V.nd IOS. eph | APPL | NEU ERBAUET | IN | HIETZING | 1825. Klippe in der Grösse von 7 Linien, in Silber $2/_{16}$ Loth, geprägt — Vgl. Wellenheim's Katalog. Bd. II, Abtheil. II, Nr. 13, 109.

V. IOSEPHVS | APPL.CAES. areus REG. ius COMMISSARIVS. Dessen Brustbild in der gewöhnlichen Kleidung von der rechten Seite. ℞. Oben eine und unten zwei Rosetten, dazwischen in sieben Zeilen:

NATVS VINDOBONAE
6. APR. ili 1767.
MVNVS PVBLICVM ADIIT
1786.
REPERTORIVM NVMISM. aticum
CONCINNAVIT
1820—1829.

Grösse: 1 Zoll 4 Linien; Gewicht: $14/_{16}$ Loth in Silber, gegossen.

XIV. Frau Johanna Dickmann-Secherau, die blinde Numismatikerinn, † 1835.

Frau Johanna Nepomucena, geborne von Schwerenfeld, erblickte am 24. Mai 1768 zu St. Veit in Kärnten das Licht der Welt, ward am 25. Juli 1786 mit dem dortigen Stadtrichter und Flossofen-Director Johann Nepomuk von Dickmann-Secherau vermählt. Im folgenden Jahre legte er sein Amt nieder, widmete seine ganze Thätigkeit dem Schmelzwerke Lölling, wovon er den dritten Antheil geerbt hatte, und hob durch den Kauf der anderen Antheile und des Schmelzwerks Url mit dem dazu gehörigen Bergwerke sich in die Reihe der ersten Gewerke des Landes empor.

Nach dessen Tode (1809) setzte die mit sieben Kindern gesegnete Witwe, eine Frau von regem, männlichem Geiste, trotz der durch die Kriegsdrangsale herbeigeführten ungünstigen Verhältnisse mit aller Sorgfalt und Ausdauer den Betrieb ihres Geschäftes fort, das sie mehr und mehr zu heben verstand.

Frau von Dickmann, die durch Jahrzehnte einen von Wien weit entfernten und bedeutenden Werkkörper durch tüchtige Männer verwaltete, hatte für alles Wissenswerthe theilnehmenden Sinn und Interesse und bedauerte gar oft in ihrer Jugend nur kümmerlichen Unterricht erhalten zu haben. Dieser Sinn und Trieb zu nützlicher und Erholung bringender Nebenbeschäftigung führte sie zur Numismatik. Zu einer kleinen Partie im Jahre 1811 ererbter Münzen sammelte sie mit sicherem Takte und voll Wissbegierde den historischen Inhalt ihrer Stücke; besonders der schönen Medaillen, die sie vom Maler Herbst († um 1824) gekauft hatte, kennen zu lernen und scheute sich nicht allenthalben Erklärung zu gewinnen. Doppeltes Vergnügen gewährte ihrem thätigen Geiste ihre Sammlung und das Besprechen der merkwürdigeren Stücke, als sie in ihren letzten Lebensjahren erblindet war, welches Übel sie mit festem Gleichmuth ertrug. Sie war nicht nur mit den Numismatikern der Residenz, denen ihr gastliches Haus offen stand, in ununterbrochenem Verkehre, sondern führte auch mit dem Auslande einen ausgedehnten Briefwechsel. Sie scheute keinen Preis für Seltenheiten, so zahlte sie im Jahre 1834 für einen Thaler des ungrischen Grafen Niklas Zrinyi vom Jahre 1533 neunzig oder hundert Gulden, der bei der Versteigerung im Jahre 1836 um 190 fl. verkauft wurde.

Frau von Dickmann, eine der verständigsten und praktischsten Frauen, welche dem Referenten je vorgekommen, starb in Wien am 30. October 1835 und ruht im Döblinger Friedhofe.

Ihre Sammlung bestand zum grössten Theile aus **Münzen und Medaillen der neueren Zeit** und zum mindesten Theile aus antiken und mittelalterlichen Münzen. Sie zählte 4328 Stücke nach: „Dickmann's Münzsammlung in Wien. Verzeichnet zum versteigerungsweisen Verkaufe, welcher vom 16. November zu Wien anfangen wird. Beschrieben von Karl Wratislaw Wotypka, Candidaten der Medicin (ihrem damaligen Secretäre und nachherigen k. k. Feldstabsarzte). Wien bei Gerold 1836". Deren Erlös betrug die namhafte

Summe von 25.996 fl. C. M. Die zweite Abtheilung des Katalogs S. 213—240 von 725 Stücken Thaler und Schaumünzen gehörte ihrer ältesten Tochter Frau Johanna von Henikstein, welche eine kleine Gedächtnissmünze zu Ehren ihrer Ältern anfertigen liess. Diese kaufte hierauf eine auserlesene Sammlung von Edelsteinen vom k. k. Hofrathe v. Gersdorff, verkehrte viel mit dem ausgezeichneten Mineralogen und Geologen k. k. Custos Paul Partsch († 3. October 1856) und dem bekannten Kenner der Edelsteine Joseph Fladung, kaufte später ein Haus am Rosenberg bei Grätz, wo sie am 25. November 1859 starb.

Die dritte Abtheilung des von Dickmann'schen Katalogs, der von S. 271—282 griechische und römische Münzen verzeichnet, gehörte dem am 23. Jänner 1834 verstorbenen k. k. Regierungsrathe Johann Wilhelm Ridler, erst Lehrer der Geschichte Ihrer Majestäten der Kaiserinn Maria Ludovica und des Kaisers Ferdinand I., dann Director der k. k. Universitäts-Bibliothek in Wien. — Über Frau v. Dickmann-Secherau und ihre Familie siehe meine Medaillen. Band II, 437—443; die beiden Denkmünzen sind daselbst abgebildet Tab. XXIII, Nr. 121 und 122.

XV. Caroline Höfel, geborne Mark, † 1840.

Der bekannte Kupferstecher Quirin Marck [1]), einer der besten Schüler Jakob Schmutzer's († 2. December 1811), war verehelicht mit Johanna, gebornen Riepel, desselben Meisters einzigen Schülerinn, welche Kupferstechen lernte. Auch malte sie in Gouache und Aquarell und war die erste in Österreich, die von punctirten Kupferplatten Farbendrücke lieferte. Ihre einzige am 7. Jänner 1783 in Wien geborne Tochter Carolina, in dieser Richtung erzogen, fing als Kind an zu coloriren und ward mit den Wasserfarben praktisch vertraut, zeichnete gut und machte Versuche in der Lithographie und Pastellmalerei.

Ihr Vater, der unter vielen anderen Arbeiten, besonders Porträten auch die Bildnisse zu Anton's von Geusau († 4. Februar 1811) Geschichte der römischen Kaiser von Julius Cäsar bis K. Franz II. Wien 1804—1808 in fünf Quartbänden, in Kupfer gestochen hatte,

---

[1]) Über Quirin Mark aus Littau in Mähren s. österr. National-Encyklop. III, 576 und Nagler's Künstler-Lexikon. Bd. VIII, 338.

besass eine Münzsammlung, die nach seinem Tode (1811) versteigert wurde, die Doubletten sammt dem Reste verblieben der Tochter.

Im Jahre 1813 vermählte sie sich mit dem Kupferstecher Blasius Höfel, der für ihren Vater nach Nagler VI. 210 gearbeitet hatte und wohl dessen ausgezeichnetster Schüler genannt werden kann, und übersiedelte nach Wiener-Neustadt, als ihr Mann im Jahre 1820 an der dortigen k. k. Militär-Akademie die Professur der freien Handzeichnung erhalten hatte. Hier erhielt die wissbegierige Frau einige antike Münzen, wodurch, zumal sie des Lesens alter Schrift kundig war, die Lust zu sammeln erwachte; so wuchs zugleich bei ihrem ganz ausgezeichneten Gedächtnisse die Neigung zur Geschichte, sie las Chroniken, die Münzwerke von Madai, Appl etc. besuchte, wenn sie nach Wien kam, gewöhnlich das k. k. Münzcabinet und vereinte im Laufe von zwanzig Jahren über 4000 Stücke, griechische und römische Münzen, unter anderen einen echten Pertinax, ferner Brakteaten wie auch Medaillen, besonders von Päpsten, dann von den salzburgischen Kirchenfürsten Leonhard v. Keutschach, Matthäus Lang und anderen, Spottmedaillen etc. Sie kam nach Wien und starb am 16. Mai 1840 plötzlich am organischen Fehler der Lungengefässe (Wiener Zeitung 1840, Nr. 140, S. 957).

Die Sammlung sollte in Folge des Ehecontractes an den überlebenden Gatten kommen, da jener aber bei dem grossen Brande in Wiener-Neustadt am 8. September 1834 vernichtet worden war und der Gatte seine Rechte nicht urkundlich nachweisen konnte, ward die Tochter Adelheid, die allein von acht Kindern sie überlebte, als Universalerbinn erklärt, welche die Sammlung an das Neukloster zu Wiener-Neustadt verkauft.

Blasius Höfel, der als Kupferstecher und Formschneider einen wohlverdienten Namen sich erworben hat und dermals in Pension zu Salzburg lebt, ahmte im Jahre 1833 die von Engländern erfundene Manier Abdrücke von Münzen und Medaillen mit grosser Genauigkeit in erhaben scheinender Art mittelst einer Maschine zu verfertigen mit allem Glücke nach, und erfand 1834 eine sehr einfache Methode Original-Kupferstiche, Holzschnitte und Steindrücke ohne Veränderung der geringsten Eigenthümlichkeit derselben in einem beliebigen verkleinerten Massstabe wiederzugeben. Sie ist auch eine numismatische Verkleinerungs-Maschine.

Professor Höfel hatte in Wiener-Neustadt auch eine Sammlung altdeutscher Gemälde von 120 Stücken, worunter ein Albrecht Dürer, ein van Eyck und zwei vollkommen erhaltene Flügelaltäre vom Jahre 1400, welche letztere der Fabrikant 'Joseph Lemann zu Gumpendorf kaufte (s. Nr. XXI).

XVI. Franz Xaver Ertl, Dompropst zu Linz, † 1837.

Franz Xaver Ertl, im Jahre 1761 zu Wien geboren, war ohne Zweifel der Sohn wohlhabender Eltern, indem seine ihn überlebende Schwester, bei der er, so oft er nach Wien kam, wohnte, hier ein Haus besass, welches wahrscheinlich älterliches Erbtheil war. Früh kam Ertl als Caplan zu der Erzherzoginn Maria Elisabeth [1]) nach Innsbruck, wurde dort Professor der Exegese an der theologischen Facultät, dann Referent in geistlichen Angelegenheiten bei der tirolischen Regierung und wurde bald als Domherr an das Capitel zu Linz versetzt. Im Capitel stieg er durch alle Stufen hinauf bis zur höchsten Würde. Er war zweimal Generalvicar und Stadtpfarrer, starb am 15. September 1837. Ertl, den Referent als einen schönen Greis kannte, galt als ein sehr unterrichteter Mann von scharfem Verstande und erfreute sich dieser Eigenschaften wegen eines grossen Ansehens. In seinem Benehmen war er derb, obwohl man ihm einen gewissen Ehrlichkeits- und Gerechtigkeitssinn nicht absprechen konnte. Herr Dompropst Ertl hatte eine ausgezeichnete Sammlung von Thalern und Medaillen, meist aus den österreichischen Staaten, welche noch bei dessen Lebzeiten von Joseph Oberndörffer zu Linz gekauft wurde. Dieser fand in dieser Sammlung 42 verschiedene Stempel von Kaiser Maximilian I.

XVII. Franz Joseph Freiherr von Bretfeld-Chlumczansky, † 1839.

Franz Joseph Bretfeld, Doctor der Rechte, Landesadvocat im Königreiche Böhmen, wie auch Beisitzer und zweimaliger Decan der juridischen Facultät, ward von der Kaiserinn Maria Theresia am 10. Juni 1770 mit dem Ehrenworte „Edler von" in den Adelstand erhoben. Joseph, wahrscheinlich dessen Sohn, war St. Wen-

---

[1]) Erzherzoginn M. Elisabetha, geb. 13. August 1743, ward am 20. Mai 1781 als Äbtissinn des k. Damenstiftes zu Innsbruck introducirt und starb zu Linz am 22. September 1808.

zel's Ritter, Kronhüter von Seite des böhmischen Ritterstandes, Consistorialrath und Kanzler, dann Herr auf Wesselitzko, wo seine Gemahlinn Maria Anna Ignatia v. Chlumczansky 1753 geboren war, erhielt den 20. Jänner 1793 den Ritterstand, dann den 9. April 1795 das Incolat für Böhmen und weiter am 27. November 1807 den Freiherrnstand mit dem Prädicate von Kronenburg. Dem Freiherrn Franz Joseph, des Erstgenannten Enkel (?), ward die Adoption von Seite seines mütterlichen Oheim Adalbert Chlumczansky, Ritters von Przestawlk und Chlumczan, k. k. Kämmerers und Majors, am 14. September 1820 allerhöchst genehmigt und ihm für seine Person am 14. Mai 1833 erlaubt den Geschlechtsnamen Chlumczansky, aber ohne dessen Wappen, anzunehmen, daher von Bretfeld-Chlumczansky [1]).

Der letztgenannte Franz Joseph, Freiherr von Bretfeld-Chlumczansky, zu Prag um 1779 geboren, begann nach vollendeten Studien daselbst beim Landesgubernium seine Praxis, ward Concipist und kam als solcher zur böhmischen Hofkanzlei nach Wien, im Jahre 1808 zur k. k. Staatskanzlei, bei der er zum Staatskanzleirathe vorrückte. Auch war er Johanniter-Ordens-Ritter, Schatzmeister des Sternkreuzordens, Ehrenmitglied der k. k. Akademie der bildenden Künste und Mitglied mehrerer gelehrten Gesellschaften, im Jahre 1822 gewesener Rector-Magnificus der Wiener Universität, und starb in den letzten Jahren etwas geistesverloren als pensionirter k. k. Hofrath zu Wien in seinem Hause auf der Wasserkunstbastei Nr. 1191, das er 1822 gekauft hatte, unvermählt am 23. November 1839 [2]). Erbe war sein Neffe Emanuel, Sohn des am 28. Februar 1837 verstorbenen k. k. Feldmarschall-Lieutenants Emanuel Freiherrn von Bretfeld.

Baron von Bretfeld, schon in früher Jugend mit rastlosem Eifer und beträchtlichen Kosten Münzen sammelnd, benutzte auch hiezu seine Reisen im deutschen Vaterlande, in England, Frankreich, Italien, Dänemark und Schweden und wusste allenthalben Verbindungen anzuknüpfen. Auch mehrte er sie durch Ankäufe etlicher grösserer Sammlungen, so jener Wenzel Dinzenhofer's, Professors

---

[1]) Der andere Oheim war Wenzel Leopold Ritter v. Chlumczansky, der ausgezeichnete Fürstbischof zu Prag, wo er als der Letzte seines Stammes am 14. Juni 1830 starb.

[2]) S. Wiener Zeitung 1839, Nr. 273, S. 1696.

der Reichsgeschichte und des Lehenrechtes zu Prag († 25. August 1805), jener des Aschacher Pfarrers P. Ernest Koch, jener des k. k. Hofrathes Leopold Thonhauser, ferner eines ansehnlichen Theiles der in's Ausland verkauften und vorzüglich an mittelalterlichen Münzen reichen Sammlung des 1815 verstorbenen Ritters von Mader (s. Nr. VI) und einiger anderen kleineren Privat-Sammlungen, so dass diese Sammlung nach der des Hofrathes von Wellenheim (s. Nr. XXII) unstreitig die an Stücken aller Art, in allen Metallen und allen Grössen zahlreichste Privatsammlung in der kaiserlichen Residenzstadt war und sich eines weit verbreiteten Rufes erfreute. Gold legte der Baron nach einem streng beobachteten Grundsatze nur von jenen Münzherren ein, welche nie in einem andern Metalle geprägt haben oder von welchen keine anderen Münzen zu haben sind. Wohl besass er auch gar vieles fast Werthlose zum Tausche, der zu seiner Zeit unter den hiesigen Sammlern stark im Schwunge war.

Die Ordnung seiner Münzen- und Medaillen-Sammlung und die Anzahl der Stücke erhellet klar aus der folgenden Zusammenstellung, die dem vom k. k. Custos Franz Vincenz Eitl verfassten Licitations-Kataloge, in welchem er sich an des Sammlers System unverrückt gehalten hat, genau entnommen ist.

Die ganze Sammlung zerfiel in zwei Abtheilungen, als:

A. Antike Münzen: I. Städte-, Völker- und Königsmünzen 841 Stücke; II. römische Familienmünzen 457 Stücke, und III. römische Kaisermünzen 3377 Stücke, zusammen 4675 Stücke.

B. Münzen des Mittelalters und Münzen und Medaillen der neueren Zeit.

Abtheilung I. Münzen und Medaillen geistlicher Fürsten und Herren mit den päpstlichen beginnend — 7067 Stücke; II. Münzen und Medaillen der Kaiser — 2318 Sücke; III. die der Könige in alphabetischer Ordnung — 8936 Stücke (mit einem Nachtrage von 121 Stücken, im Bde. II. S. 221).

Jene Stücke, welche im ersten Bande des Verzeichnisses beschrieben sind, wurden im Jänner 1842 im Baron v. Bretfeld'schen Hause versteigert, und die im zweiten Bande im December desselben Jahres, nämlich:

Abtheilung IV. Münzen und Medaillen der weltlichen Fürsten, Grafen und Herren aller Länder, in alphabetischer Ordnung,

13.739 Stücke; V. der Republiken, sowohl der europäischen als amerikanischen, in alphabetischer Ordnung (somit mit Amerika beginnend) — 2551 Stücke; VI. der Städte, Land- und Ortschaften in alphabetischer Ordnung, 7993 Stücke; VII. Medaillons und Medaillen von Familien und einzelnen Personen 1150 Stücke, dann Seite 189 zehn unbestimmte und verschiedene Stücke; VIII. Orientalische (asiatische und afrikanische Münzen 918 Stücke. Im Anhange S. 205 eine Reihe von Bronce-Medaillen, welche theils wegen ihrer Grösse, theils wegen Mangels an Raum am betreffenden Orte nicht eingereiht werden konnten. 691 Stücke, dann alchymistische Medaillen, Talismane und Amulette, Freimaurer-Medaillen etc., 1154 Stücke.

Nach unserer Zählung in Allem 51.423 Stücke, da hingegen das gedruckte Verzeichniss 51.246 Stücke zählt, was daher kommt, dass S. 220 viele Stücke unter einer Nummer enthalten sind. — Das k. k. Münzcabinet erstand in beiden Licitationen 44 Medaillen in Silber, 31 Thaler und 96 Guldenstücke nebst einem Rubel in Platina.

Auch besass Baron von Bretfeld eine merkwürdige Sammlung aller Gattungen von Papiergeld, die in Form eines grossen Tableaus hinter Glas zusammengelegt waren und die vorstellenden Münzzeichen aller Staaten in wohlerhaltenen Originalen begriffen. Seine sehr bedeutende Bibliothek, die er theils von seinem Vater ererbt, theils durch Ankauf, so unter andern der des Professors von Mader ansehnlich vermehrt hatte, bestand allein im Fache der Numismatik, dann der Wappen-, Geschlechter- und Siegelkunde aus etwa 800 Bänden und enthielt die seltensten Werke über die Münzen des Alterthums, des Mittelalters und der neueren Zeit in allen Sprachen und in den vorzüglichsten Auflagen. Kaum irgend ein Privatmann im Kaiserstaate konnte einer so zahlreichen Münz-Bibliothek sich rühmen.

Baron v. Bretfeld war ein wohlunterrichteter Edelmann, dem wir mehrere schriftstellerische Arbeiten verdanken, als: *a)* Historische Darstellung sämmtlicher von den ältesten Zeiten bis zum Jahre 1827 abgehaltenen böhmischen Landtage. Nach den besten Geschichtschreibern, alten Chroniken, glaubwürdigen Handschriften, Prag 1810. Bd. I bis 1458 (K. Georg Podiebrad) in 8°. Der zweite Band ist nicht erschienen. *b)* Umriss einer kurzen Geschichte des Leutmeritzer (sic) Bisthums im Königreiche Böhmen, nebst einigen genealogischen Denkwürdigkeiten über das Alter und die Verdienste der böhmischen Familie Chlumczansky von Przestawlk und Chlumczan, Wien 1811, kl. 8°, gewidmet seinem mütterlichen Oheim Wenzel Leopold v. Chlumczansky, damaligem Bischof zu Leitmeritz, mit vier Stammtafeln. Nach v. Wurzbach's biographischem Lexikon II, 138 verfasste er; *c)* Gallerie der merkwürdigen Erfinder alter und neuerer Zeiten in alphabetischer Ordnung nach ihrem Geistesproducte gereiht. Wien 1810, 8°.

Diesem müssen wir noch als in jenem Lexikon unerwähnt beifügen: *d)* Schönberg's Ruinen und ihre Umgebungen im Taborer Kreise, eine historische Skizze in des Freiherrn v. Hormayr Archiv 1812, Nr. 101, S. 405; *e)* von dem Ursprunge und der alten Dicasterialverfassung des ehemaligen obersten Münz- und Bergmeisteramtes im Königreiche Böhmen, daselbst Nr. 103, wo S. 414 die Folgenreihe der obersten Münzvorsteher[1]) in Böhmen von Kaiser Karl IV. bis 1783 zu ersehen ist; *f)* ein Blick auf die Begräbnissstätte der älteren Beherrscher Böhmens Nr. 105, S. 421; *g)* über einen merkwürdigen Fund (von 500 — 600 Stücken) deutscher Bracteaten und Dickpfennige des Mittelalters in Böhmen, daselbst Nr. 111, S. 449; *h)* allgemeiner Überblick der böhmischen Landesverfassung Nr. 115, S. 465; *i)* über die Landtage in Böhmen Nr. 117; *k)* Peter der Grosse. Als Seitenstück Philipp's II. von Spanien Nr. 119 f.; *l)* der Thurm Daliborka und seine Umgebungen, als ehemaliges böhmisches Staatsgefängniss. Eine historische Skizze. Nr. 137; *m)* über den Ursprung der Grafen, und insbesondere deren Aufkommen in Böhmen, in demselben Archive 1813, Nr. 5 und 6; *n)* über den Ritterorden des heil. Wenzel's im Königreiche Böhmen, nach historischen Quellen, daselbst Nr. 7, 8 und 14, mit einem Verzeichnisse aller jener Männer, welche bei den böhmischen Königskrönungen den Ritterschlag des heil. Wenzel's empfangen

---

[1]) Unter diesen finden wir vom Jahre 1660—1678 Johann Wenzel von Reinburg, welcher dem K. Leopold I. zu dessen Namenstage am 15. November 1677 die aus gemischtem Metalle gegossene, 2055 Ducaten wiegende und im k. k. Münzcabinete verwahrte Medaille, ein alchymisches Product, verehrte und ddo. Laxenburg am 30. Mai 1678 in den Freiherrenstand erhoben wurde. Diese Riesen-Medaille ist abgebildet in Marquard Herrgott's Numotheca. Friburg. 1752. Pars I, Tab. II, p. XXVIII; vgl. meine Medaillen Bd. I. 22° und II, 467.

haben; so Anton Freiherr v. Feuerstein, k. k. Oberstwachtmeister, der dem Bregenzerwalde entstammt, und Joseph von Bretfeld, Consistorialkanzler und erwählter Rector-Magnificus bei der Krönung des Königs Franz I. am 9. August 1792. Der Verfasser sucht den Wahn Einiger zu widerlegen, als ob diese noch bestehende Ertheilung des Ritterschlages mit dem Schwerte des heil. Wenzel's eine wirkliche Ordensverleihung in unserem Sinne gewesen sei. Baron von Bretfeld-Chlumczansky mag noch andere Aufsätze veröffentlicht haben, die mir aber unbekannt sind.

Sollte nicht das unablässige Sammeln seine Zeit, wie bei so vielen Sammlern, so in Anspruch genommen haben, dass er nicht zu literarischen Ausarbeitungen auf dem weiten Gebiete der Numismatik gekommen ist?

XVIII. Dr. Franz Salesius Frank, † 1842.

Joseph Franz Salesius Frank, unseres Wissens israelitischer Abkunft, zu Berlin am 20. October 1768 geboren, kam 1789 nach Wien, studirte Medicin, nahm 1792 den Doctorgrad, ward praktischer Art und starb kinderlos am 10. Februar 1842[1]). Seine medicinischen Schriften in deutscher, lateinischer und französischer Sprache hat von Wurzbach im biographischen Lexikon Bd. IV. 326 verzeichnet. Über Numismatik kennen wir nur seine Vorreden zu Appl's Münz- und Medaillen-Sammlung und Repertorium (S. 30). Frank war keineswegs darauf bedacht, seine Sammlung auf viele Nummern zu bringen, sondern nur seltene, echte und möglichst gut erhaltene Exemplare zu gewinnen. Desshalb konnte seine Sammlung ungeachtet der durch mehr als vierzig Jahre mit Liebe und ohne Kostenscheue verwendeten Sorgfalt, eben nicht zahlreich genannt werden; hingegen erhielt sie viele kostbare Stücke, welche in wenigen selbst fürstlichen Cabineten kaum anzutreffen sein dürften. Er hatte seine Sammlung geographisch-alphabetisch, zum Theil nach dem von J. Leitzmann in dessen Abriss einer Geschichte der gesammten Münzkunde aufgestellten Systeme geordnet.

---

[1]) Nach amtlichen Acten, nicht im Jahre 1840 wie es in v. Wurzbach's biogr. Lexikon Bd. IV, 326 heisst.

Nach Dr. Frank's Hintritte brachte Herr Oberst v. Hayek die ganze Sammlung an sich und liess sie im October 1844 versteigern. S. von Hayek Nr. XXXIV.

XIX. Johann Karl Megerle von Mühlfeld, † 1842.

Die Familie Megerle entstammt ihrem Namen nach, den auch der witzige kaiserliche Hofprediger Pater Abraham a Santa Clara (Ulrich Megerle) geboren zu Hohenkrähenstätten bei Messkirch und † zu Wien am 1. Dec. 1709, führte, aus Schwaben. Johann Georg August Megerle, ein geschickter Kunsttischler, der im Auftrage der Kaiserinn Maria Theresia Schau- und Sammlungskästchen nach seiner Angabe und seiner Leitung verfertigte, gewann deren volle Zufriedenheit, ward Aufseher im Mineralien-Cabinete und später sogar Custos, diente 45 Jahre, erhielt die goldene Verdienst-Medaille und ward von Kaiser Franz II. am 30. November 1803 in den Adelstand mit dem Prädicate von Mühlfeld erhoben. Er hinterliess nebst einer Tochter Brigitta († 1856) die Söhne Johann Karl, unsern Numismatiker, und Johann Georg, der als k. k. Hofkammer-Archivs-Director als eines der ersten Opfer der Cholera am 15. September 1831 gestorben ist. Dessen jüngerer Sohn ist der als beredter Advocat und Reichstags-Abgeordneter allgemein bekannte Dr. Eugen Alexander von Mühlfeld.

Johann Karl von Mühlfeld, 1765 zu Wien geboren, trat nach vollendeten Studien in's k. k. Mineralien-Cabinet und rückte zum ersten Custos vor. Beim Vordringen des französischen Heeres gegen Wien ward ihm die Flüchtung des Werthvollsten aus der Schatzkammer und dem Archive nach dem festen Komorn vom Kaiser Franz anvertraut, worauf er bald den Titel eines kaiserlichen Rathes erhielt. Nach einem unvorsichtigen Falle in der k. k. Burg, der ihn lange Zeit an's Lager fesselte, blieb er fortan leidend und geschwächt, trat in den Pensionsstand, lebte hierauf in Währing, wo er am 12. September 1842 starb. Noch sieht Referent den alten Herrn mit heiteren Mienen, fein gefälteten Manschetten und Jabot, frisirten und gepuderten Haaren in einen Zopf gebunden (einer der letzten in Wien) vom Mineralien-Cabinete her durch den Augustinergang in's k. k. Münzcabinet gemessenen Ganges schreiten.

Er hinterliess eine schöne Conchilien-Sammlung, sammt den einschlägigen, werthvollen Büchern, die seine kinderlose Witwe, die noch in einem Alter von 92 Jahren lebt, dem Stifte Schlägel gegen eine Leibrente von 300 Gulden C. M. abtrat; auch hatte er eine ansehnliche Schmetterling-, Käfer- und Fliegen-Sammlung mit den dazu gehörigen Büchern; ferner eine ausgewählte Mineralien-Sammlung, die er der Frau Johanna v. Henikstein (S. 38), welche mit ihrer Sammlung nach Gratz übersiedelte und daselbst im J. 1859 starb, um das Jahr 1836 verkauft hat.

Am liebsten sammelte von Mühlfeld Münzen. Er besass eine Sammlung von auserlesenen Thalern, die er aber im Jahre 1819 an die Münzhändler Hondl und Senoner verkaufte. Im Jahre 1817 begann er sogenannte Groschen, d. i. Stücke unter einem Gulden, und zwar von den Denaren Karl's des Grossen bis zu den schlichten Pfenningen aller Herren Länder und der neuesten Zeit zu sammeln. Von den ungrischen Marienpfenningen, Polturen und Gröscheln, so wie von den österreichischen sammelte er von allen Jahrzahlen und von allen Stempelverschiedenheiten, wenn sie auch nur in einem Röschen, Kreuzchen oder Puncte bestanden.

Seine Kaiser-Denare waren zahlreich und prachtvoll, die Münzen der Päpste, Ordensmeister und anderer geistlichen Herren, vornehmlich die Reihe der Cölner Erzbischöfe von guter, ja seltener Erhaltung, die Münzen der Städte und weltlicher Herren sehr beträchtlich. Mit besonderer Vorliebe sammelte er Bruderschafts-, Wallfahrts- und sogenannte Rosenkranzpfenninge mit Bildnissen der Heiligen, in Allem an 400 Stücke aus der ganzen katholischen Welt. Auch besass er einige prachtvolle griechische, dann eine kleine Sammlung römischer Familien- und Kaisermünzen.

Die Sammlung kaufte von der Witwe der Notar Leo Mikocki, in dessen zur Versteigerung bestimmtem Kataloge vom Jahre 1850 sie sich — freilich nicht mehr als vordem der v. Mühlfeld'schen Sammlung angehörige Stücke — finden.

Herr von Mühlfeld soll über ein Medaillon der Marcia Otacilia Severa, Gemahlinn des Kaisers Philipp (von 243—249 nach Chr.), geschrieben haben (vgl. Eckhel Doctr. Num. veter. VII. 332), wie auch über eine Münze in Kleinbronze von FAVSTA N. obilissima, F. emina, Gemahlinn des Caesars Julius Constantius II. (n. 323—327). ℞ Innerhalb eines Kranzes ein Stern (vgl. Eckhel. VIII. 118).

Mehreres schrieb er über Conchylien, Käfer und Fliegen; so ward eine von ihm entdeckte Fliege nach seinem Namen genannt und in Panzer's Fauna abgebildet. Gedruckt ist auf den Wunsch seiner Freunde „Wegweiser nach Mariazell, Sonntagberg und Maria-Taferl¹) mit kurzer, geschichtlicher Übersicht und allerlei Notizen über Orte und Personen", von dem nur dreissig Exemplare abgedruckt worden sein sollen.

Des Herrn v. Mühlfeld Theatromanie. — Aus ganz besonderer Vorliebe zum Theater errichtete er mit Bewilligung des Kaisers Franz ein Haustheater mit Podium, das am 3. October (am Vorabend des Namenstages des Kaisers) 1822 mit Absingung des Volksliedes auf's Feierlichste unter Trompeten- und Paukenschall eröffnet wurde. An allen Sonn- und Donnerstagen bis zur Charwoche war ohne Eintrittsgeld Vorstellung, und dies dauerte bis zum Frühjahre 1840. Für die Frauen hatte er hundert nummerirte Sitze bestimmt, und nur 10 für männliche Honoratioren, die übrigen, oft in Allem über 200 Personen, mussten stehen. Am Leopoldstage (15. November) war Vorstellung für die Armen, bei welcher er selbst am Eingange sass und die freiwillig und gern gegebenen Gaben dankbar in Empfang nahm. Die geringste Einnahme betrug 392 Gulden und die stärkste 431 Gulden C. M., welche Summe ohne allen Abzug er selbst in Beträgen von zehn bis zwanzig Gulden an Arme vertheilte. Leider vergeudete er die besser zu verwendende Musse dazu, dass er von allen Stücken, welche er auf seinem Haustheater aufführen liess, das ermüdende Abschreiben der Rollen selbst besorgte. Nach dessen Ableben hat der reiche Baron von Dietrich († 1855), welcher in seinem Wohnhause nächst der Matzleinsdorfer Linie ein durch die Schönheit seiner Ausstattung allbekanntes Haustheater unterhielt, alles zum Theater Gehörige um 605 Gulden an sich gebracht.

XX. **Franz Ritter von Koller, niederösterreichischer Landstand, † 1846.**

Joseph Koller, zu Mauthausen 1731 geboren, k. k. Hofrath, von K. Joseph II. am 20. Jänner 1783 in den Ritterstand erhoben, kaufte die Herrschaften Tresdorf und Deutsch-Brodersdorf, ward 1786 niederösterreichischer Landstand und starb zu Wien am 6. October 1800.

---

¹) An diese Orte hatte Herr v. Mühlfeld im Jahre 1827 eine Fussreise gemacht.

Franz Seraph, einer seiner Söhne, war Grosshändler, machte 1826 eine Reise durch Oberitalien, hatte eine nicht unbedeutende Medaillen- und Thaler- wie auch Büchersammlung, Gemälde, Vasen etc. und starb am 16. September (nicht December) 1846. Sein Erbe war nach seinem Testamente vom 8. September 1846 der Gemahl seiner jüngsten Schwester Maria Anna, Freiherr Karl Ferdinand von Moser, der zu Wien am 14. December 1847 gestorben ist; seine Münz- und Kunstsammlung vermachte er seinem Neffen Johann Baptist Freiherrn von Moser, der als überzähliger unbesoldeter Rath der niederösterreichischen Regierung im Jahre 1847 aus dem Staatsdienste trat und die Herrschaft Ebenfurt an der Leitha besass, bei dem ich diese ansehnliche Sammlung wiederholt gesehen habe. Baron von Moser erschoss sich in einem Anfall von Geistesverwirrung, welche die Ereignisse jener Tage herbeigeführt haben sollen, am 4. Juli 1848 und ruht in Ebenfurt (s. Wiener Zeitung vom 12. Juli 1848, S. 114). Die Schicksale dieser Sammlung sind mir unbekannt.

Anmerkung. Über die Medaille des Ahnherrn dieser Freiherren von Moser, nämlich des verdienstvollen Wiener Bürgermeisters Daniel Moser († 1639), deren verschlungene Buchstaben MCD nach Köhler's Münz-Belust. Bd. XIX. Vorrede S. IV als M. oneta C. ivitatis D. inckelspicliæ statt D. aniel M. oser C. onsul erklärt wurden, vgl. von Madai's Thaler-Cab. II, Nr. 5237 und mein Medaillenwerk. Bd. II, 254 und Abbild. Tab. XXI, Nr. 108.

XXI. Joseph Lemann, Bürger und Hausinhaber in Wien, † 1847.

Gabriel Lemann, Bürger, Hausinhaber und Grundrichter vom Magdalenengrund (einer Vorstadt Wiens), hinterliess mit Anna Maria Etmüller eine Tochter und den fünfjährigen Sohn Joseph, der am 3. November 1785 geboren war. Die Witwe, eine überaus begabte und würdevolle Frau († 1813), verkaufte bald ihre drei Häuser am Magdalenengrund und bezog das Haus Nr. 25 in der Münzwardeingasse [1]), das ihr Gatte erbaut hatte. Hier betrieb sie die Seidenfabrication fort und hatte eine Niederlage ihrer Fabricate in der Stadt; sie theilte ihr Leben in die Erziehung ihrer beiden Kinder und in den Betrieb des Geschäftes. Da sie gichtkrank das Stadtlocale

---
[1]) Vgl. mein Medaillenwerk. Bd. II, 76. 379.

nicht mit der erforderlichen Sorgfalt überwachen konnte, wurde sie vom unredlichen Personale schändlich betrogen; der Sohn aber, kaum der Schule entwachsen, übernahm und hob es bald wieder durch Wachsamkeit und Ausdauer.

Schon von Jugend an hatte Joseph Lemann einen vorwiegenden Hang fremde Münzen zu sammeln und aufzubewahren, nebenbei aber trieb er in freien Stunden mit Leidenschaft Physik, wovon ihn vorzüglich experimentale Elektricität und Optik bis in seine letzten Lebensjahre beschäftigten. Erst nach seiner Verehelichung mit Anna, gebornen Müller (welche Ehe als Muster bürgerlichen Haushaltes galt), begann der schlichte, stille Mann mit allem Ernste und Fleisse griechische und römische Münzen zu sammeln und legte zu diesem Zwecke eine ziemlich bedeutende Bibliothek numismatischer Werke an. Seine Sammlung zeichnet sich durch schöne Exemplare und bedeutende Seltenheiten mit Ausschluss aller Falsificate aus. Die römischen Familien sind fast vollkommen vertreten und es lag ihm mehr daran die Familien durch schöne Exemplare vertreten zu sehen als von einer Familie eine grössere Anzahl zu besitzen.

Seine Thalersammlung betrug in den Zwanziger Jahren an 20,000 Stücke, von denen er, da ihm zuviel todtes Capital darauf lag, die Stücke von minderer Seltenheit an andere Liebhaber verkaufte, so besonders an Frau von Dickmann-Secherau (s. Nr. XIV), welche eine Zeit lang beinahe täglich zum Besuche kam, und er erkaufte aus deren Erlöse das Nachbarhaus Nr. 24.

In zweifelhaften Fällen kam Lemann in's k. k. Münz- und Antiken-Cabinet und ersuchte in anspruchloser Bescheidenheit um Aufklärung und Lösung seiner Zweifel. Viel verkehrte mit ihm der Postofficial Ludwig Krones, der selbst eine schöne Münzen- und Kupferstichsammlung besass, sich aber in den Dreissiger Jahren erschoss, ferner der bekannte, wohlunterrichtete Münzhändler Anton Promber und andere, welche vor seinen Kenntnissen, seiner Liebenswürdigkeit und seinem edlen Charakter grosse Achtung hatten. Nicht leicht schloss er an Jemanden sich an, hatte er aber sich angeschlossen, so hielt er in Rath und That mit aller Treue aus.

Im Jahre 1828 legte Lemann eine zweite Sammlung an, welche grösstentheils altdeutsche Gegenstände, als: Rüstungen, Waffen, Krüge, Schnitzwerke, Bilder und Bücher enthält, jedoch wie die alten Kunst- und Wunderkammern auch andere Seltenheiten nicht ausschloss und ägyptische, römische, indische etc. Gegenstände aufgenommen hat. Die Abtheilung der mittelalterlichen Kunstwerke mehrte mit grosser Vorliebe sein würdiger Sohn Karl Lemann, der im Jahre 1836 eine Reise durch Deutschland, Belgien, Frankreich und die Schweiz unternommen hatte, mit vielen Seltenheiten. Im Jahre 1839 kaufte Leman der Ältere vom Professor Blasius Höfel [1]) dessen ganze Sammlung altdeutscher Gemälde, welche dieser in der Umgegend von Wiener-Neustadt gesammelt hatte.

Als im Jahre 1834 sein Sohn als Compagnon in des Vaters Geschäft eingetreten war, blieb diesem mehr Musse seinen physikalischen und numismatischen Studien sich zu widmen. Nun besuchte er Münzlicitationen und begann auch mittelalterliche Münzen zu sammeln, war aber ausser Stand die gesammelten zu ordnen, indem ein Fussleiden ihn an's Lager fesselte, in Folge dessen er am 15. Juni 1847 sein thätiges Leben endete. Die Kunst- wie auch die physikalische Sammlung ist des Sohnes Eigenthum; die Münzen jedoch gehören dessen noch lebender Mutter und sind in demselben Stande geordnet und ungeordnet verblieben, wie sie ihr edler Gatte hinterlassen hat.

XXII. **Leopold Welzl von Wellenheim, k. k. Hofrath, † 1848.**

Leopold Welzl, am 15. November 1773 zu Hroby [2]) geboren, verwendete sich in frühester Jugend bei dem Steuerregulirungs-Geschäfte in Böhmen mit solchem Erfolge, dass ihm zur Belohnung eine Ehrenmünze zu Theil wurde. Er ward hierauf im Jahre 1789 bei der damaligen niederösterreichischen Staatsgüter-Buchhaltung, dann bei der Hofbau-Buchhaltung, im Jahre 1790 bei der

---

[1]) Blasius Höfel, Schüler und nachheriger Schwiegersohn des Kupferstechers Quirinus Mark, († 1811), ward gleichfalls Kupferstecher, seit 1820 Professor der freien Handzeichnung an der k. k. Militär-Akademie zu Wiener-Neustadt, Wiedererwecker und Altmeister der Holzschneidekunst in Österreich, lebt in Pension dermals zu Salzburg.

[2]) In Hroby, einem Dorfe des Taborer Kreises in Böhmen, war im Husitenkriege ein verschanztes Lager der Katholiken, das die Taboriten erstürmten und an 100 Streiter erschlugen! Badenin mit Hroby war seit 1753 eine der vielen Herrschaften des ausgezeichneten Grafen Leopold Krakowsky von Kolowrat, welcher als kais. geheimer Rath, Staats- und Conferenzminister etc. am 2. November 1809 in einem Alter von 82 Jahren zu Wien im eigenen Hause in der Herrengasse Nr. 258 (dermals Nr. 250) gestorben ist (s. Wiener Zeitung von 1809, 8. Nov. S. 3104).

vereinigten böhmisch-österreichischen Hofkanzlei, Hofkammer und Ministerial-Banco-Deputation, endlich im Jahre 1796 bei dem Staatsrathe angestellt, rückte zur Dienststufe eines k. k. Staats- und Conferenzraths-Concipisten und Hofsecretärs vor und arbeitete immer ganz allein zu Handen des dirigirenden Staats- und Conferenzministers Leopold Grafen von Kolowrat, in welcher Dienstleistung er zu den wichtigsten und geheimsten Staatsangelegenheiten verwendet wurde. In Rücksicht seiner achtzehnjährigen ausgezeichneten Staatsdienste wurde er sammt seinen ehelichen Nachkommen in den deutscherbländischen Adelstand mit dem Ehrenworte von Wellenheim ddo. Wien 1. Februar 1808 erhoben (nach dem k. k. Adelsarchive). Später ward Herr von Wellenheim Hofrath bei der k. k. Hofkammer und Referent im Postwesen, als welcher er am 3. November 1835 in den Ruhestand versetzt wurde und von wiederholtem Schlagflusse gerührt am 19. Februar 1848 starb. Hofrath von Wellenheim, ein schöner Mann von feinem und gewandtem Benehmen, war, wenn auch ohne höhere Studien, in der französischen und italienischen Sprache und in der Geschichte wohl unterrichtet, Ehrenmitglied der Akademie der Wissenschaften, Literatur und Künste zu Padua etc. Sein Aufsatz über „Münzen der Grafschaft Görz" ist in „Neue Zeitschrift des Ferdinandeums für Tirol und Vorarlberg, Innsbruck 1839, Bdchen V, S. 52—88 mit der Abbildung dreier kleinen Münzen abgedruckt. Als Manuscript hinterliess er eine umfassende Abhandlung über Friesacher Münzen.

Er sammelte durch vierzig Jahre mit Wissenschaft, Geschmack und seltenem Glücke, zumal er als vieljähriger Referent des Postwesens mit den Provinzen und dem Auslande in einflussreichem Verkehre stand, so dass seine universelle Sammlung die grösste und zahlreichste war, wie wohl kein Privatmann in Wien je eine solche gehabt hat.

Der greise Numismatiker, der allmorgenlich um vier Uhr aufzustehen gewohnt war, hatte zwei Söhne, deren älterer Wilhelm als k. k. Obertaxator am 9. April 1858 gestorben ist, und beschloss noch bei Lebzeiten seine Sammlung zu versteigern. Er liess zu diesem Zwecke einen Katalog nach der Ordnung, in welcher sie sorgsam gereiht war, anfertigen. Als Grundlage dienten die zahllosen, notizenreichen Zettelchen, die er geschrieben und unter die bezüglichen Stücke gelegt hatte. Dieser Katalog besteht aus zwei Haupttheilen; beider Titel und Vorreden sind sowohl in deutscher als französischer Sprache, der ganze erste Theil aber ist durchgängig in französischer, der zweite Theil in zwei Abtheilungen hingegen in deutscher Sprache abgefasst.

Dieses „Verzeichniss der Münz- und Medaillensammlung des k. k. HofrathesLeopoldWelzl von Wellenheim", Wien 1844 und 1845, in gr. 8. ist ein Buch, welches auch lange nach beendigter Versteigerung wegen seines reichen Inhaltes seinen numismatischen Werth für Sammler und Münzfreunde nicht verloren hat. Das Vorwort ist von Herrn Franz Vincenz Eitl, Custos am k. k. Münz- und Antiken-Cabinet, der in den Jahren 1843 und 1844 die römischen Münzen im I. Theile und sämmtliche des II. Theiles katalogisirt und zur Drucklegung beschrieben hat, entworfen und von einem Franzosen in seine Sprache übersetzt worden.

Der Band I enthält 8163 Nummern [1]) griechischer und 8684 Nummern römischer Münzen mit Inbegriff der byzantinischen und falschen römischen Münzen wie auch von 106 Bleisiegeln, zusammen 16.867 Nummern sammt einem Generalindex. Im Anhang: Verzeichniss einer Sammlung von Originalstempeln älterer und neuerer Zeit, 198 Stücke. Die Licitation der griechischen Abtheilung ward auf den 15. Februar 1847, und die der römischen auf den 18. October desselben Jahres festgesetzt.

Der Band II enthält mittelalterliche Münzen und Medaillen der neuern Zeit, und zwar die Abtheilung I in allem 12.428 Nummern nach folgender Eintheilung: I. West-Europäische Reiche, als: Portugal, Spanien, Frankreich, Grossbritannien und Irland; II. die apenninische Halbinsel mit ihren Reichen, Ländern und Städten, wie auch den benachbarten Inseln und Städten nebst Dalmatien; III. Mittel-Europäische Staaten, nämlich: Schweiz, römisch-deutsche Kaiser, der österreichische Kaiserstaat, sowohl das Stammland und die deutsch-österreichischen, als auch die slavischen Provinzen in 5942 Nummern, mit einem Münzmesser nach dem österreichischen Masse und einem Register. Verzeichniss der numismatischen, archäologischen und anderer Bücher —861 Nummern. Die Licitation begann am 10. Februar 1845.

---

[1]) Manche dieser Nummern haben wieder ihre, oft zahlreichen Unterabtheilungen, so dass die Sammlung bedeutend mehr Stücke als Nummern enthalten hat.

Die Abtheilung II dieses zweiten Bandes umfasst den Schluss der Münzen und Medaillen des österreichischen Kaiserstaates, nämlich die ungrischen Länder in 1613 Nummern; diesem folgen 6688 Nummern der deutschen Bundesstaaten, dann Belgien, das Königreich der Niederlande mit den alten Provinzen. IV. Nordeuropäische Staaten, Dänemark, Schweden und Norwegen; V. Osteuropäische Staaten, Russland mit Polen in 983 Nummern, der türkische Staat, mit den souveränen Fürstenthümern und den ehedem münzberechtigten Städten der europäischen Türkei in 634 Nummern; VI. Reihe von Asien und Afrika mit den europäischen Colonien, mit 792 Nummern; VII. Staaten von Amerika, 200 Nummern. Den Schluss bilden 2134 Denkmünzen auf berühmte Personen. Die Versteigerung dieser zweiten Abtheilung begann am 7. Jänner 1846.

Am Schlusse wollen wir der v. Wellenheim'schen Spielmarke gedenken. Auf deren Vorderseite in drei Zeilen: WELZL·DE· WELLENHEIM. Die Rückseite hat dessen Wappen auf schwarzem Schilde einen wellenweise gezogenen Querbalken, in dessen Haupte drei goldene Bienen, in dem Fusse aber auf grünem Grunde eine natürliche Nachteule, zu deren jeder Seite ein goldener Stern; auf dem Schilde ruhet ein gekrönter Turnierhelm, aus dessen Krone drei Straussfedern sich erschwingen und zwar die mittlere schwarz, die rechte Gold und die linke Silber (nach dem k. k. Adelsarchive). Grösse: 1 Zoll, von feinem Silber im Gewichte von $7/_{16}$ Loth, geprägt. Vgl. Appel's Repertorium, Bd. III, Abth. II, Nr. 4239, wo von Wellenheim's Geburtsjahr 1774 irrig angegeben ist.

XXIII. **Dr. Stephan Endlicher als Numismatiker,** † 1849.

Stephan Ladislaus Endlicher, zu Pressburg am 24. Juni 1804 geboren und als Professor der Botanik und k. k. Regierungsrath zu Wien am 28. März 1849 gestorben, war eines der hervorragendsten und vielseitigsten Talente in Österreich, von seltener Fassungskraft, welche schnell in den Kern der Sache, die er ergriffen hatte, eindrang. Wir wollen zu dessen biographischem Abrisse in von Wurzbach's Lexikon Bd. IV, S. 44—46 noch Einiges hinzufügen. Der einzige Sohn eines gelehrten und verdienstvollen Arztes, der ein Schüler der damals noch lateinkundigen Jesuiten gewesen und mit dem fähigen Knaben gewöhnlich in dieser Sprache verkehrte, ward er hierin gewandt in Wort und Schrift, ein Kenner der lateinischen Sprache und Literatur, wie Referent ausser dem Altmeister Professor Anton Stein († 1844)[1]) in Wien keinen kannte.

Als siebenzenjähriger Jüngling schrieb er: Conrad Celtes, ein Beitrag zur Geschichte der Wiederherstellung der Wissenschaften in Deutschland" in des Freiherrn v. Hormayr Archiv. 1821. Nr. 96, 99, 105, 117 und 123, welche Abhandlung, die von dessen staunenswerther Belesenheit in diesem Alter das schönste Zeugniss gibt, in der Aufzählung der Endlicher'schen Arbeiten in von Wurzbach's biographischem Lexikon unerwähnt geblieben ist.

Hierauf studirte er im Wiener Alumnate Theologie, kam während der Ferien nach Pressburg und als er auf einem Spaziergange mit seinem Vater eine Blume bewunderte, ergriff deren Schönheit ihn so, dass er zu botanisiren anfing und es auch hierin zur Meisterschaft brachte. Als er die theologischen Studien beinahe vollendet hatte, kam er als Amanuensis in die k. k. Hofbibliothek und begann in launiger Veranlassung des damaligen ersten Custos Kopitar († 11. August 1844) gleichsam spielend sinologische Studien, in denen er gleichfalls bald Ausgezeichnetes leistete.

Das k. k. Münzcabinet hatte eine kleine Anzahl chinesischer Münzen, welche zu beschreiben unser Sinolog von seiner Excellenz dem Grafen Moriz von Dietrichstein, der damals mit der Oberleitung dieses k. k. Institutes betraut war, aufgefordert wurde. Als Endlicher beschäftigt war die Hauptwerke über die chinesische Numismatik zu studiren und sich einen allgemeinen Überblick der chinesischen Münzgeschichte zu verschaffen, ward durch die Fürsorge des vorerwähnten Herrn Grafen und die Gefälligkeit des hier anwesenden Herrn Professors Dr. Siebold eine bedeutende Sammlung chinesischer und japanesischer Münzen erworben; zudem weilte zu dieser Zeit in Wien der russische Staatsrath Baron Schilling von Canstadt, der mehrere Jahre bei der kaiserlichen Gesandtschaft in China gewesen war, und eine sehr ansehnliche Sammlung von derlei Münzen bei sich hatte, welche Endlicher mit den vorhandenen

---

[1]) Anton Stein, kaiserl. Rath und Professor der classischen Literatur, zu Baden in Oberschlesien am 24. April 1750 geboren, starb in Wien 1844, dessen Lebensabriss und Medaille in meinen Medaillen auf berühmte und ausgezeichnete Männer des österr. Kaiserstaates. Bd. II, 456—462 und Tab. XXIV, Nr. 124.

vergleichen und zugleich sich der Belehrung desselben erfreuen konnte. So entstand eine allgemeine **Einleitung in die chinesische Numismatik** mit einigen Andeutungen über **japanische Münzgeschichte**.

Diese Arbeit führt den Titel: „Verzeichniss der chinesischen und japanischen Münzen des k. k. Münz- und Antiken-Cabinetes in Wien. Nebst einer Übersicht der chinesischen und japanischen Bücher der k. k. Hofbibliothek". Wien, bei Friedrich Beck, 1837. VI und 140 S. in 4°, und ist dem oben genannten russisch-kaiserlichen Staatsrathe gewidmet. — Das Verzeichniss der chinesischen Münzen enthält 138 Stücke, ferner 3 coreanische, 45 japanische und 5 cochinchinesische Münzen, zusammen 191 Stücke; hierauf folgen S. 103 — 114 drei Beilagen. Die k. k. Hofbibliothek zählte damals 125 chinesische und mandschouische, zusammen 189 Bücher, von S. 135—138. Auch gab Endlicher einen **Atlas von China** nach der Aufnahme der Jesuiten - Mission heraus, worüber das Nähere in der Anzeige desselben von Dr. Pfizmaier in Dr. Adolf Schmidl's österreichischen Blättern 1844, Nr. 45 zu ersehen ist.

XXIV. Joseph Freiherr von Bonomo, k. k. Feldzeugmeister, † 1850.

Die Bonomo zählen zu den uralten Triester Patricier- und Krainerisch-ständischen Geschlechtern. Peter I. Bonomo, Rath der Kaiser Friedrich's III., Maximilian's II. und Karl's V., ward von Maximilian mit mehreren wichtigen Sendungen betraut und starb als Bischof zu Triest hochbetagt 1546. Franz, Johann, Lorenz und Peter II. B. erhielten am 1. November 1580 den Adelstand. Peter ward von den Kaisern Rudolf II. und Matthias nach Ofen, Belgrad und Constantinopel 1610 (nach Baron v. Hammer II. 730) mit Andreas Negroni etc. geschickt, um mit den Türken einen Waffenstillstand oder andere Verträge zu schliessen, im J. 1620 ging er für K. Ferdinand II. nach Polen etc.

Joseph Freiherr von Bonomo, am 8. Mai 1768 geboren, kam 1782 in die k. k. Ingenieur-Akademie zu Wien, ward am 5. October 1787 Unterlieutenant in diesem Corps und in Berücksichtigung seiner bei der Belagerung von Belgrad geleisteten erspriesslichen Dienste 1789 zum Oberlieutenant befördert, darauf 1790 bei dem Blockadecorps zu Orsova verwendet. Mit Auszeichnung diente er in den Niederlanden bei der Belagerung von Valenciennes und le Quesnoy, und rückte am 25. October 1793 zum Capitän vor. Er ward 1797 in Italien wirklicher Hauptmann, nahm nach erfolgtem Rückzuge des Feindes Theil an den Belagerungen von Peschièra, Mantua, Cuneo, wie an der Schlacht bei Marengo (14. Juni 1800), ward am 19. Februar 1805 Major, am 28. Jänner 1809 Oberstlieutenant, Fortifications-Director in Klagenfurt, dann zu Grätz, 1814 Fortificatious-Director in Venedig und nach seiner Verwendung bei der zweiten Belagerung von Hüningen 1815 Oberst und wieder Districts-Director zu Grätz; hierauf vom Ende des J. 1815 an bis 1829 in gleicher Eigenschaft zu Venedig und in den venetianischen Provinzen, ward 1829 Generalmajor und Mitglied des Haupt-Genie-Amtes in Wien, wie auch Brigadier des Mineur- und Sapeurcorps, 1836 Feldmarschall-Lieutenant, erhielt am 5. Mai 1854 den Freiherrnstand taxfrei, trat im Juni 1848 mit dem Feldzeugmeisters-Charakter in den wohlverdienten Ruhestand und starb in Wien am 31. März 1850. Bonomo sammelte besonders Thaler.

XXV. **Andreas Hondl, Münzhändler in Wien, † 1852.**

Andreas Hondl, Sohn armer Bauersleute, zu Smilau in Böhmen am 8. Juli 1783 geboren, kam mit dem kümmerlichsten Unterrichte seiner Dorfschule ausgestattet, im J. 1801 nach Wien, in das Haus des Fürsten Palm und ward zum Krankenwarten bei zweien Gemahlinnen desselben verwendet. Die Langeweile während des andauernden Nachtwachens trieb ihn zum eifrigen Lesen der Bücher, welche ihm die fürstliche Handbibliothek bot. Zufällig kam er zu einigen Münzbüchern, welche ihm die Richtung zur Münzkunde gaben. Sein Herr erfreute den treuen Diener mit einigen Münzen und Büchern, und von nun an verwendete er alle Ersparnisse und Geschenke zum Ankaufe von Münzen und Münzbüchern, die er wiederholt genau durchlas.

Bald trat er auch mit Münzensammlern in Verkehr, erweiterte hiedurch seine Kenntnisse, begann nebstbei einen kleinen Handel mit Uhren, Silber, Handschuhen und Öl und erwarb sich die Mittel zur Gründung einer selbstständigen Existenz und zur Bereicherung seiner Sammlung. Er übernahm ein Fragner- oder sogenanntes Greislergeschäft in der Vorstadt, ward am 21. Juni 1822 Bürger in Wien, kaufte sich 1823 das Haus Nr. 76 am Schottenfeld und begann einen Münzhandel in grösserem Massstabe, machte beinahe alltäglich seine Runde bei den Münzsammlern, kaufte, tauschte, verkaufte und sein Haus ward von nun an ein Sammelplatz von Münzfreunden. Besonders verkehrte er mit dem praktischen Appl (Nr. XIII), dem auch der Münzhandel zum Geschäft geworden war. Er kaufte mit Hofrath von Wellenheim (s. Nr. XXII) und Isidor Löwenstern (s. Nr. XXXVII) Appl's († 1834) numismatischen Nachlass, den sie unter sich versteigerten, wodurch des Herrn Hofraths Cabinet mittelalterlicher Münzen, und des Herrn Löwenstern Sammlung an Unicaten sehr bereichert wurden. So kaufte er von dem k. k. montanischen Hofrathe Johann Rudolf v. Gersdorff, dem ausgezeichneten Mineralogen, dessen Münzsammlung, der nach einigen Jahren von Hondl wieder eine ganze Sammlung kaufte, die nach dessen Tode († 30. April 1849) nochmals an ihn gelangte.

Auch war Hondl nicht nur von Privaten, sondern auch von Seite des k. k. Münzcabinetes, dem er manches schöne und seltsame Stück, so den bis dahin unbekannten Goldgulden[1]) des Herzogs Rudolf IV. von Österreich brachte, bei Münzversteigerungen sowohl im In- als Auslande, namentlich in Heidelberg, wo um das J. 1834 der v. Wamboldt'sche Münzschatz licitirt wurde, dann in Prag und Dresden betraut. Er stand mit auswärtigen Numismatikern in Verbindung und brieflichem Verkehr, wie mit Emanuel Eckel zu Strassburg und machte Geschäftsreisen nach Deutschland, um seine Kunden zu besuchen. Hondl, der sich nur mit mittelalterlicher und moderner Numismatik beschäftigte, hatte ein durch lange Praxis, für die Echtheit oder Unechtheit merkwürdig geübtes Auge und wusste den Preis der Stücke wohl zu bestimmen. Er starb in seinem

---

[1]) Dieser angeblich zu Verona gefundene und sehr wohl erhaltene Goldgulden ist nach dem im XIV. Jahrhundert durch einen grossen Theil von Europa verbreiteten Florentiner Typus geschlagen. Av. DVX. RV—DOLFVS. Im Felde die Lilie. ℞. S. IOHA—NNES B. aptista. Der heil. Johannes der Täufer stehend, neben dessen Haupte zur Rechten das Bindenschildchen von Österreich. Im Felde: R—V. — Bisher waren Goldmünzen von diesem Herzog Rudolf IV., dem Gründer des St. Stephansdomes und der Universität zu Wien (reg. v. 1358 bis 27. Juli 1365) unbekannt. Sein Vater Albrecht II. liess durch florentinische Münzer die ersten Goldgulden mit diesem Typus in den damals österreichischen Landen, und zwar in Kärnten schlagen, beschrieben in Vettori's Fiorino d'oro antico pag. 106 und in Joachim's neu eröffnetem Münzcabinete, I, 201, und abgebildet Tab. XXI, Nr. 8.

Hause am Schottenfelde am 15. Jänner 1852; seine Tochter Therese aus zweiter Ehe ist mit dem Münzhändler und beeideten Münzen- und Antiquitäten-Schätzmeister des k. k. Hofmarschallamtes Herrn Johann Iliessmanseder verehelicht.

Über Hondl s. Bäuerle's Wiener Theaterzeitung 1855, Nr. 295, S. 1191 in „Notizen für Numismatiker", wo — wie in Drs. v. Wurzbach biograph. Lexikon. Bd. VII, 297 dessen Namen unrichtig in Handel verändert ist.

XXVI. Alois Edler von Stegner, k. k. Rath und Hauptcassier der k. k. priv. Nationalbank, † 1855.

Alois von Stegner, zu Wien am 15. März 1793 geboren, erlernte bei Fabrici in Feldsberg die Handlung, war an dritthalb Jahre bei Kaufmann Kaminschek in Wien, trat 1817 in die Dienste der k. k. priv. Nationalbank, bei der er stufenweise zum ersten Cassier emporstieg und mit dem Titel eines k. k. Rathes ausgezeichnet wurde. Dieser Ehrenmann, welcher der allgemeinen Achtung sich erfreute, starb unverehelicht am 4. März 1855.

Herr von Stegner, der durch 37 Jahre bei einem so grossartigen Geldgeschäfte bedienstet war und in fortwährendem, vielseitigem Verkehre, besonders auch mit dem Münzhändler Joseph Oberndörffer stand, benützte diese Gelegenheit und legte mit eben so viel Geschmack als Kenntniss eine universale Thaler-Sammlung an, wiewohl er auch Medaillen, die ihm unter die Hand kamen, nicht ausschloss. Er kaufte und tauschte und sah vorzüglich auf schöne und gut erhaltene Exemplare.

Die ganze Sammlung wurde von dessen Bruder und Erben Herrn Karl von Stegner an Herrn Doctor Brants (Nr. XXXII) um den Preis von 20.000 Gulden verkauft.

XXVII. Ludwig de Traux, k. k. Feldmarschall-Lieutenant, † 1855.

Die Wiege der edlen Familie de Traux sind die Niederlande. Der Vater der vier dem Referenten persönlich bekannten Söhne, welche sämmtlich den österreichischen Waffen folgten, war Oberster im Geniecorps. Sie hiessen: *a)* Karl, ein vielseitig unterrichteter Ofücier, vortrefflicher Zeichner, Kalligraph, musste seiner Wunden wegen schon um's Jahr 1800 als Oberstlieutenant dieses Corps in Pension treten und starb hochbetagt um 1840 unverehelicht in Wien; *b)* Emanuel, Hauptmann, gleichfalls verwundet, starb in Baden; *c)* Ludwig, am 24. August 1773 auf der Citadelle von Antwerpen, wo sein Vater damals Festungscommandant war, geboren, ist unser Numismatiker; *d)* Maximilian, daselbst 1776 geboren, ist der rühmlich bekannte militärische Schriftsteller und Kartograph, starb als k. k. Oberstlieutenant im Geniecorps und Professor der Befestigungs- und bürgerlichen Baukunst an der Militär-Akademie zu Wiener-Neustadt, im Jahre 1817 (s. österreich. National-Encyklop. Bd. V, 408). Ein Vetter dieser vier Gebrüder, Peter Joseph de Traux, erhielt von Kaiser Franz II. am 26. April 1803 den Freiherrenstand und war zugleich unter die niederösterreichischen Stände aufgenommen.

Ludwig de Traux trat nach seinen in der k. k. Ingenieur-Akademie in Wien vollendeten Studien als Cadet in's Corps ein und machte die Feldzüge von 1793 — 1797 gegen Frankreich mit und zwar 1793 und 1794 bei der Armee in den Niederlanden und in Frankreich, 1795 und 1796 bei der Armee am Unter-, Mittel- und Oberrhein, 1797 in Italien und theilte mit seinen Waffengefährten die bitteren Geschicke in dem belagerten Mantua. Vom Jahre 1798 — 1822 ward er im geheimen Cabinete Sr. Majestät des Kaisers Franz und zwar vom Jahre 1804 an als Cabinets-Secretär verwendet und rückte stufenweise zum Obersten vor, als welcher er die Direction des k. k. Haupt-Genie-Archivs in Wien übernahm; wurde darauf als Generalmajor zum Fortifications-Director von Nieder- und Oberösterreich wie auch von Salzburg ernannt und verblieb als solcher mit Ausnahme der nöthigen Inspectionsreisen ohne Unterbrechung in Wien. Nach 53jähriger treuer und ehrenvoller Dienstleistung trat er mit allerhöchster Entschliessung vom 27. October 1842 mit Feldmarschall-Lieutenants-Charakter in den Ruhestand und starb allgemein hochgeachtet und geehrt am 5. Mai 1855 im 82. Jahre seines Alters.

Referent lernte Herrn Ludwig de Traux schon im Jahre 1815 kennen, indem er dessen vor dem Vater dahingeschiedene Tochter durch längere Zeit unterrichtete, und verehrt bis zu seinem letzten Lebenshauche ihn als seinen ältesten Gönner in Wien. Er war ein Ehrenmann jeden Zoll.

Im Jahre 1822 nach dem Austritte aus dem geheimen Cabinete Sr. Majestät des Kaisers richtete der vielseitig gebildete Mann, welcher bei seiner Vorliebe für Geschichte seine Mussestunden nunmehr nicht unthätig dahin schwinden lassen wollte, seinen Blick auf kriegsgeschichtliche Medaillen, von denen er bei dem damals in Wien regen Sinn für die Numismatik bald eine schöne Anzahl zusammenbrachte. Manches interessante Stück dieser frisch heranwachsenden Sammlung fesselte das Auge des Referenten, ohne zu ahnen, dass er nach etlichen Jahren das Gebiet dieser Wissenschaft betreten sollte. Bald begann Herr de Traux auch Thaler, Gulden und kleinere Stücke zu sammeln und trat mit Herrn Hofrath von Wellenheim, Frau von Dickmann (Nr. XIV) und besonders mit Herrn Oberstlieutenant Gustav Ritter v. Schulthess-Rechberg aus Zürich, der zu jener Zeit die Herrschaft Nussdorf an der Trasen (unweit Tuln) besass und öfter in Wien war, in näheren Verkehr und erhielt durch den Münzhändler Hondl und später durch Hiessmanseder, welche vor allen gern mit diesem Ehrenmann wegen seiner Biederkeit und Offenheit zu thun hatten, auserlesene Stücke. So gewann im Laufe von dreissig Jahren seine Sammlung so an Umfang und Ausdehnung, dass ihr in extensiver Richtung der Charakter der Universalität nicht abgesprochen werden konnte.

Voll Lust und Liebe sass der schöne, edle Greis bei seinen Münzen und Medaillen, deren historischen und künstlerischen Werth er gar sehr zu würdigen wusste, und füllte den Zettel der oft zwei- und dreimal zusammengebogen unter jedem Stücke lag, zu dessen Erläuterung und Beleuchtung mit geschichtlichen, genealogischen und kritischen Notizen, wie wir sie noch in keiner Sammlung gesehen haben, mit seltenem Eifer und rastloser Ausdauer. Den Catalogue raisonné, den er in den paar letzten Jahren seines Lebens redigirte, vermochte er nicht mehr zu vollenden.

Die Sammlung, welche viele Seltenheiten und meist sehr schön erhaltene Exemplare, in allem 10.959 Stücke zählte, hinterliess er letztwillig seiner zweiten Gemahlinn Frau Maria, gebornen v. Stockmayer, die zum Zwecke einer öffentlichen Versteigerung ein „Verzeichniss der von dem k. k. FML. Herrn Ludwig de Traux in Wien hinterlassenen Münzen- und Medaillen-Sammlung mittlerer, neuer und neuester Zeit. Wien 1856, in 8°", anfertigen liess. Sie wurde im Februar 1857 versteigert und brachte den Erlös von 23.613 Gulden und 7 Kreuzern in Conventions-Münze.

In diesem Kataloge ist das System, nach welchem die Sammlung der Frau von Dickmann-Secherau geordnet war, befolgt worden.

Anmerkung. Feldmarschall-Lieutenant de Traux, wie Appl, Baron von Bretfeld, Frau von Dickmann-Secherau, von Wellenheim und Andere haben mit Recht als sich gegenseitig ergänzend und vieles Nachsuchen ersparend die Medaillen den Münzen der betreffenden Münzherren zugetheilt und in dieselben eingereiht, haben aber von Madai und anderen Sammlern und Ordnern geleitet alle Familien und Namen, wenn sie denselben Rang und Titel führten, ohne Unterschied ob sie das Münzrecht hatten oder nicht, in eine Kategorie, in ein Ganzes zusammengeworfen, was wir nicht billigen können.

Die leitende Idee in der Numismatik ist und bleibt die Münzberechtigung. Den Münzen der münzberechtigten Staaten, Fürsten und Herren reihen wir auch ihre Medaillen ein, als ein numismatisches Ganzes von demselben Staate, Fürsten und Herrn. So können wir z. B. den neufürstlichen Häusern Aremberg, Auersperg, Dietrichstein, Eggenberg, Fürstenberg, Hohenlohe, Liechtenstein, Öttingen, Schwarzenberg, Trautson, Wallenstein (Waldstein) und anderen ihre Medaillen einreihen, nicht aber unter sie die Medaillen der Fürsten von Metternich, Blücher, Karl Anselm von Thurn und Taxis, Wrede u. s. w., welche niemals münzberechtigt waren, mischen, sondern ihre Schaumünzen oder Medaillen gehören in die Suite der berühmten Männer; in die Suite der Grafen und Freiherren, wie von Batenburg, Brederode, Ehrenfels zu Haldenstein in Graubünden, Reckheim etc. gehören aus gleichem Grunde nicht die Medaillen des Grafen Niklas August Wilhelm von Berghaus vom Jahre 1796, von Florentius von Culemburg, von Sigmund von Heimhausen von Schega's Meisterhand vom Jahre 1760, von Johann Christoph von Puchheim († 1657), vom tapfern Grafen Matthias Johann von Schulenburg und anderen.

XXVIII. Johann Heinrich Graf von Starhemberg, † 1857.

Johann Heinrich Graf von Starhemberg, aus einem der ältesten, edelsten und ruhmvollsten Geschlechter Österreichs, am

16. Mai 1774 geboren, war der einzige Sohn des Grafen Rüdiger Joseph von St., k. k. Kämmerers und Rathes der Intendenza zu Triest, der am 6. Juli 1798 zu Ragusa gestorben ist, und der Freiin M· Magdalena von Gudénus, einer Dame von hohem Geiste und den edelsten Eigenschaften († 1824). Am 5 August 1791 erbte er die Heinrich'schen Majorats-Herrschaften Wildberg, Riedegg, Auhof, Haagen, Reichenau ob der Enns, und das Freihaus Nr. 784 in Linz, ward k. k. Kämmerer, erst Rittmeister bei Graf Kinsky-Chevaux-legers, dann Cavalier bei der k. k. Gesandtschaft zu Berlin, trat aber bald in den Privatstand und widmete sich den Wissenschaften.

Reich an mannigfaltigen Kenntnissen war der stille und bescheidene Graf ein vorzüglicher Kenner der Numismatik und besass eine äusserst zahlreiche Thaler-Sammlung der schönsten und auserlesensten Stücke wie auch Medaillen und einiges in Gold. Er hatte die Sammlung des 1828 verstorbenen Joseph de Roux gekauft, welche an sich schon überaus schön und inhaltsreich war und die er seit jener Zeit durch Licitationen und anderweitige Ankäufe so bedeutend vermehrte, dass nicht leicht eine Thaler-Sammlung von solcher Vollständigkeit und Schönheit der Exemplare zu finden sein dürfte. Herr Ritter von Schulthess-Rechberg (S. 18) weilte im Jahre 1836 durch etliche Monate zu Linz und benützte in des Grafen Hauso, in dem er damals seine Sammlung hatte, diese und bezeichnete die beschriebenen Stücke mit dem Zeichen**), was gräflich von Starhemberg'sche Sammlung bedeutet, indem der Herr Graf seinen Namen nicht genannt wissen wollte.

Graf Johann Heinrich, Senior und Lehensherr des fürstlichen und gräflichen Hauses, erwarb durch die sorgfältigste Verbesserung der Majoratsgüter ein um so grösseres Verdienst, indem er ehelos war. Er starb am 22. April 1857 in Wien, wohin er vor Jahren seine Sammlung gebracht hatte.

Von einem seiner Erben, dem Freiherrn von Gudenus, kaufte der Münzhändler Joseph Oberndörffer die ganze Sammlung und erklärte sie als die kostbarste Thaler-Sammlung eines Privaten, die er je gesehen, als die erste nach der des kaiserlichen Cabinets. Sie enthielt Stücke die der seit vierzig Jahren mit Münzen vielverkehrende Oberndörffer nie gesehen hatte, so z. B. sechs polnische Thaler, welche er nimmermehr, wie er sagt, zusammen zu bringen vermag, auch das k. k. Münzcabinet erwarb mehrere der seltensten Stücke durch Herrn Oberndörffer.

XXIX. Philipp Ludwig Graf von St. Genois, † 1857.

Das uralte Geschlecht St. Genois, das den Niederlanden angehört, blüht seit 1464 im Reichsfreiherrenstande und theilt sich in zwei Linien, in die niederländische, seit 9. October 1655 in den Grafenstand erhobene, und in die österreichische, von welcher Philipp Ludwig, X. Reichsfreiherr von Anneaucourt, geb. am 5. April 1790, Besitzer mehrerer Herrschaften in Mähren, Schlesien und Galizien am 25. Jänner 1827 von K. Franz I. in den Grafenstand erhoben wurde. Von einem Priester, einem niederländischen Emigranten, erzogen, war er wie selten ein Edelmann seines Standes ein grosser Freund der lateinischen Sprache, die er auch mit vieler Fertigkeit sprach.

Graf St. Genois hatte nur eine Sammlung von Münzen und Medaillen in Gold und Silber von allen Ländern des österreichischen Kaiserstaates; deren kostbarstes Stück war ein echter Thaler des Herzogs Renatus von Lothringen († 1508), der auf 500 Gulden geschätzt, dermals im Besitze Sr. Excellenz des k. k. FML. Wilhelm Grafen von Montenuovo ist. Leider zählte die Sammlung viele falsche Stücke, welche nach des kaiserlichen Hofantiquarius Heraeus († um 1725) und Marquard Herrgott's († 1762) bekannten Abbildungen von der kunstfertigen Hand des Serben Demeter Petrovits († um 1857) gegossen und meisterhaft gearbeitet waren, wodurch die Sammlung an ihrem Werthe sehr verloren hat. Der Münzhändler Joseph Oberndörffer brachte sie durch Tausch an sich und verlor, wie er sagt, an 6000 Gulden an derselben. Graf St. Genois, Ritter des Johanniter-Ordens, k. k. Kämmerer und wirklicher geheimer Rath, starb in seinem Sommerpalais zu Baden am 30. Juli 1857.

XXX. Eduard von Almásy, Privatmann, † 1858, 10. April.

Eduard, Sohn Anton's von Almásy de Zsadany et Török Szent-Miklos, k. k. Kämmerers und k. Statthaltereirathes und Theresens, geb. von Kempelen, Sternkreuzordens-Dame, war zu Ofen am 8. März 1791 geboren und begann schon in seinem sechzehnten Lebensjahre als er noch im älterlichen Hause lebte, römische Münzen zu sammeln. Dem montanistischen Fache sich widmend, prakticirte er an der Schemnitzer Bergakademie und ward später Hofconcipist bei der damaligen k. k. allgemeinen Hofkammer in Wien, welche Stelle er im Jahre 1833 quittirte und sich in's Privatleben zurückzog.

Herr von Almásy, ein Mann von bedeutendem Vermögen, sammelte noch fort bis einige Jahre vor seinem Tode, der ihn am 10. April 1858 in Wien ereilte. — Folgende Tabelle gibt eine einfache Übersicht seiner Sammlung römischer Münzen:

	Numi.	Aurei.	Argentei.	Aenei.	Summe.
Consulares	1	64		53	118
Familiarum	17	1204		186	1407
Imperatorum et Augustarum	30	639		918	1587
Summe	48	1907		1157	3112

Die ganze katalogisirte Sammlung, welche mit wenigen Ausnahmen aus sehr schönen Exemplaren besteht und der Erbinn Frau Marie von Almásy, respective dem einzigen Sohne Eduard von A. gehört, dürfte im Preise von 7000 Gulden an einen Käufer überlassen werden.

XXXI. Thaddäus Joseph von Tonelli, k. k. Major, † 1858.

Zu den guten, alten, handeltreibenden Geschlechtern Südtirols gehört das der Tonelli. Der erste uns bekannte ist Franz Tonelli, Handelsmann zu Nago, welcher am 26. Februar 1618 vom Erzherzog Maximilian III., Hoch- und Deutschmeister und damaligen Regenten Tirols und der Vorlande, in den Adelstand erhoben wurde, und zwar — wie wir dem bezüglichen Diplome entnehmen— für treue dem Hause Österreich geleistete Dienste; zudem hatte er drei Söhne, von denen einer in der königlichen Majestät in Hispanien Kriegsdiensten unter dem erzherzoglichen Rathe und obersten Feldhauptmann in Tirol Johann Gaudenz von Madruz in Italien ganz rühmlich sich hatte gebrauchen lassen.

Im Jahre 1640 wurde Franz, ob der Vorige oder ein gleichnamiger Sohn vermögen wir nicht zu bestimmen, unter die tirolischen Landleute aufgenommen.

Johann Anton von Tonelli, oberösterreichischer ständischer Verordneter, ward auf seine Bitte von Kaiser Leopold I. ddo. Wien am 2. Mai 1681 mit der ganzen ehelichen Nachkommenschaft in den Reichsgrafenstand erhoben. Von ihm und seinen Nachkommen ist uns nichts weiter bekannt.

Thaddäus Joseph von Tonelli, eines Officiers Sohn, zu Lodi im Jahre 1775 geboren, trat am 24. October 1793 als ex propriis Cadet in's österreichische Infanterie-Regiment Schmidfeld ein, machte die Feldzüge von 1794—1809, dann von 1813 und 1814 mit, ward längere Zeit Platzhauptmann in Florenz und daher Ritter des grossherzoglich toscanischen St. Josephs-Ordens dritter Classe, trat am 16. Februar 1832 in Pension und ward später mit dem Majors-Charakter geehrt. Er war mit Josepha von Gluderer, aus einem tirolischen, reichen Kaufmannsgeschlechte in Wien, kinderlos verehelicht, wohnte im Pensionsstande in dem ihm und seiner Schwägerinn Anna v. Innerhofer gehörigen Hause in der Wipplingerstrasse Nr. 393, wo er am 14. April 1858, achtzig Jahre alt, starb.

Obgleich in der Lombardie geboren, anerkannte er stets nur Tirol als sein Vaterland, weil daher sein Geschlecht stammte.

Sein und seiner am 27. Februar 1857 verstorbenen Gemahlinn, die das Haus Nr. 851 in der grossen Schulerstrasse besass, Wohlthätigkeitssinn ist hier allenthalben zu bekannt, um in's Einzelne einzugehen. Wir erwähnen nur, dass beide mehrere nicht unbedeutende Witwen- und Waisenstiftungen, dann in Barco bei Levico in Südtirol eigens für diese Gemeinde eine Caplanei gegründet, zu dem dortigen neuen Kirchenbau nicht unbedeutende Summen gespendet, alle in Wien befindlichen Humanitäts- und Wohlthätigkeits-Institute letztwillig reichlich bedacht und namentlich dem Wiener Knaben-Seminar den Betrag von 10.000 Gulden legirt haben.

Während seines vieljährigen Aufenthaltes in Italien, besonders zu Florenz, begann Herr von Tonelli, welchem es bei seiner Ordnungsliebe niemals an Geldmitteln fehlte, Münzen und Antiquitäten zu sammeln und er wusste in den 25 Jahren, während welcher er in Wien lebte und im eigenen Hause durch den Raum nicht sehr beschränkt war, durch Ankäufe bei Licitationen und von Händlern ein reichhaltiges Museum von mannigfaltigen Gegenständen, häufig wohl in nicht sorgsamer, strenger Auswahl aufzustellen. Die Hauptmasse an Zahl machte dessen Münzsammlung von beinahe 50.000 Stücken, vorzüglich in Silber, aus allen Zeitaltern. Dasselbe enthielt ferner eine nicht unbedeutende ägyptische Sammlung, mittelalterliche Gegenstände, Bilder und Kupferstiche mit manchem sehr werthvollen Blatte, eine Autographen-Sammlung, eine Sammlung von vielen, zum Theile werthvollen Bein-, Horn- und Holzschnitzwerken eine Sammlung von chinesischen Gegenständen, Conchilien und Petrefacten, endlich eine Bibliothek, namentlich von vielen numismatischen Werken.

Auf das Zureden einiger Freunde entschloss sich Herr Major von Tonelli sein ganzes Museum der Stadt Trient letztwillig zu vermachen, welchem Beispiele andere Edelleute und reiche Sammler in gleicher oder ähnlicher Lage folgen mögen.

XXXII. Dr. Karl Gerhard Brants, † 1858.

Dr. Karl Gerhard Brants, im Jahre 1783 zu Münsterbilsen in den Niederlanden geboren, widmete sich der Arzneikunde und erlangte nach vollendeten medicinisch-chirurgischen Studien an der Universität zu Landshut um das Jahr 1806 den Doctorgrad. Bald darauf kam er nach Wien, ward praktischer Arzt und 1817 Mitglied der medicinischen Facultät.

Als vielbeschäftigter Arzt erhielt er oft als Honorar die verschiedenartigsten Münzen, von denen er die ungewöhnlicheren aufbewahrte, bis er im Jahre 1830 den Gedanken fasste eine Thalersammlung anzulegen. Seine vielen Bekanntschaften boten ihm Gelegenheit in kurzer Zeit eine so beträchtliche Anzahl von Thalern zu sammeln, dass die Lust zur Numismatik in ihm immer mehr und mehr sich entwickelte. Einzelne Ankäufe, besonders der Sammlung des Herrn von Stegner (s. oben Nr. XXVI), Geschenke, Erwerbungen verschiedener Münzen und Medaillen und numismatischer Werke bei Auctionen brachten ihn bald dahin sein Sammeln auf Medaillen, Gulden und kleinere Münzen sowohl des Mittelalters als neuerer Zeit auszudehnen und sich nicht nur auf Silbermünzen zu beschränken, sondern auch Gold- und Kupfermünzen aufzubewahren. Selbst von griechischen und römischen Münzen bildete er eine kleine Sammlung, die er aber nicht besonders cultivirte und später gar nicht weiter verfolgte. So bildete sich nach und nach eine ansehnliche Münzsammlung, welche zum grössten Theile aus Silbermünzen und Medaillen, zum kleineren aus Gold- und Kupfermünzen, und zum kleinsten aus griechischen und römischen Münzen bestand und die er bis zu seinem Lebensende zu vermehren bemüht war.

Dr. Brants, einer der verdienstlichsten Veteranen der Wiener Ärzte, der seines praktischen Wissens wie auch seiner Humanität halber vielseitiger Anerkennung sich erfreute, starb nach kurzer

Krankheit am Schlagflusse in seinem Hause Nr. 280 in der Vorstadt
Gumpendorf am 13. Juni 1858 im 75. Jahre seines Alters [1]). Er war
in erster Ehe von einem Fräulein von Kronenfels Vater zweier Söhne
und einer Tochter, und in zweiter mit der Witwe eines bürgerlichen
Handelsmannes, welcher — Frau Antonia Brants — das Eckhaus
Nr. 1038 in der Kärntnerstrasse gehört, kinderlos vermählt, in
deren Besitz die ganze Sammlung sich befindet.

Sie besteht aus mehr als 20.000 Stücken im Werthe von etwa
50.000 Gulden und ist dermals wohl die grösste Privatsammlung in
Wien. Die reichhaltigsten Partien derselben sind die Münzen der
geistlichen Fürsten, die Münzen und Medaillen der römisch-deutschen
und österreichischen Kaiser insbesondere Kaiser Maximilians I., wie
auch die Thaler der Reichsfürsten und Städte, unter jenen vornehmlich viele Stempel von Wallenstein-Thalern. Es finden sich in dieser
reichen Sammlung viele sehr seltene und mehrere gar nicht
beschriebene Stücke.

XXXIII. Johann Nep. Weis, Capitular des Stiftes Heiligenkreuz, † 1858.

Johann Nepomuk Weis, am 25. November 1796 zu Richterhof
in Böhmen geboren, vollendete zu Budweis die Gymnasial- und philosophischen Studien und bat in seiner grossen Vorliebe für den
geistlichen Stand um Aufnahme in das Cistercienserstift Heiligenkreuz
im Wienerwalde, wo er am 21. October 1816 eingekleidet wurde
und am 17. September 1820 die feierlichen Gelübde ablegte. Nach
der Priesterweihe am 30. September 1821 wurde er erst in der
Seelsorge verwendet, dann wegen seiner Befähigung zum Lehrfache
vom Abte Franz Xaver Seidemann im Jahre 1824 zum Präfecten
des Knaben-Convictes bestimmt und fand in dieser Stellung die
erwünschte Gelegenheit seinen historischen Studien neue Nahrung
zu geben und seine Kenntnisse zu erweitern.

Durch einen Freund, den k. k. Postbeamten Krones in Wien,
der eine kleine Münzsammlung hatte, wurde die Neigung zur
Numismatik in ihm geweckt und er begann nun eifrig zu sammeln. Der

---

[1]) Vgl. Wiener Zeitung vom 16. Juni 1858, S. 2300, dann in deren Abendblatte Nr 136, S. 687.

Abt unterstützte dadurch sein Streben, dass er ihm nicht nur die Münzsammlung des Stiftes anvertraute, sondern auch nach Kräften ihm die Mittel zum Ankaufe bot. Durch das Lesen der besten numismatischen Werke und den fleissigen Besuch der Münzsammlungen, insbesondere des k. k. Cabinets in Wien, erwarb er eine grosse Fertigkeit im Kennen der Münzen, wodurch er seinen Eifer für diese Studien mehr und mehr erhöhte.

Als durch den am 13. September 1834 erfolgten Hintritt des Custos Fidel Wachter (S. 6) [1]) die dritte Custosstelle am k. k. Münz- und Antiken-Cabinete erledigt worden war, trat er als Bewerber um dieselbe auf. Obwohl diese Stelle dem Professor Franz Vincenz Eitl am Lyceum zu Přemysl verliehen wurde, setzte er seine bisherige Thätigkeit auf diesem Gebiete fort, vermehrte durch günstige Ankäufe, vornehmlich bei den zahlreichen Versteigerungen in dem numismatischen Wien seine Sammlung, vorzüglich in Münzen des Mittelalters und in Münzen und Medaillen der neueren Zeit von allen Ländern Europa's.

Im Jahre 1841 als Stiftshofmeister und Archivar nach Wien versetzt, war er ganz in seinem Elemente. Der im selben Jahre neugewählte Abt Edmund Komáromy war gleich seinem Vorgänger für die Vermehrung der Sammlung bedacht und P. Weis kam nun in immer nähere Berührung und vielseitigen Verkehr mit den in diesem und dem folgenden Jahrzehente zahlreichen Numismatikern und anderen Gelehrten Wiens, wie mit Chmel, v. Meiller, v. Karajan, Feil, Camesina, Beda Dudik, Joseph Neumann in Prag, mit welchem er theils in persönlichem, theils in brieflichem Verkehre stand. Referent war mit diesem liebenswürdigen Manne von sanfter Gemüthsart durch vierzig Jahre in freundschaftlichster Verbindung (s. meine Medaillen II. 29). Wir verdanken ihm die „Urkunden des Cistercienserstiftes Heiligenkreuz im Wienerwalde", in den Bänden XI und XVI der von der historischen Commission der kais. Akademie der Wissenschaften herausgegebenen Fontes rerum Austriacarum. In kurzer Zeit zehrte der schöne und rüstige Mann ab

---

[1]) An Wachter's Begräbnissstage feierte das Stift, das der heil. Markgraf Leopold IV. auf Bitten seines Sohnes Otto, des nachherigen berühmten Bischofs zu Freisingen, im Jahre 1134 am Sattelbache (in valle nemorosa) gegründet hatte, sein siebentes Seculum.

und ward am 1. December 1858 in Wien vom Tode ereilt. Have anima candida!

In dem hinterlassenen Kataloge dieser Sammlung sind Münzen und Medaillen desselben Herrn zu klarer und ungetheilter Übersicht in einem Körper vereint und von des Verfassers zierlicher Hand mit der ihm eigenen Sorgfalt und seltenen Nettigkeit, jede Seite mit rothen Linien umrahmt, in kalligraphischem Gleichmaasse auf's Genaueste beschrieben.

XXXIV. Johann Ernst Hayek Ritter von Waldstätten, † 1861,

k. k. Feldmarschall-Lieutenant, zu Keresmezö im Marmaroscher Comitate in Ungern am 7. Juli 1789 geboren, trat am 19. November 1805 als Cadet beim 62. Infanterie-Regimente ein, ward 16. Februar 1809 Fähnrich etc.; war vom Jahre 1814 an bis zum Tode († 1845) des k. k. Feldmarschalls Heinrich Grafen von Bellegarde dessen Adjutant und rückte in dieser seiner Anstellung am 6. October 1830 zum Major, und am 6. Mai 1837 zum Obersten und am 30. October 1844 zum Generalmajor vor, diente im Feldzuge 1848 in Ungern, trat mit 31. Jänner 1849 als k. k. FML. ad honores in Pension und starb den 11. März 1860 in Wien, ohne von seiner Gemahlinn Maria Freiinn de Vaux Kinder zu hinterlassen.

Herr von Hayck begann frühzeitig und glücklich zu sammeln. Diese Sammlung, welche ausgezeichnete Stücke bis zur Grösse eines Gulden enthielt, bestand aus zwei Haupttheilen: *a)* Aus Münzen und Medaillen des österreichischen Kaiserstaates, sowohl vom regierenden Hause als auch von den Nebenreichen und Kronlanden, den geistlichen und weltlichen münzberechtigten Fürsten und Grafen, und zwar 83 goldene, 1787 silberne und 72 kupferne; zusammen 1892 Stücke, die er auf 2467 Gulden 30 Kreuzer schätzte; *b)* aus Münzen und Medaillen der römisch-deutschen Kaiser und Könige von Karl dem Grossen bis einschliesslich Kaiser Franz II. und der verschiedenen europäischen Staaten. Den bedeutenderen Theil bildeten die Münzen des Mittelalters, darunter sehr seltene, auch manche unedirte und lauter echte Stücke, besonders halbe Thaler- oder Guldenstücke, mit den Becker'schen Fabricaten, die aber als solche bezeichnet waren. Es waren der Zahl nach in Gold 17, in Silber 3535 und in Bronze 244, in Allem 3796 Stücke, geschätzt auf 4345 Gulden 30 Kreuzer C. M.; beide Abtheilungen enthielten 5688 Stücke in dem von ihrem Besitzer geschätzten Werthe von 6813 Gulden C. M.

Da Herr v. Hayek, damals k. k. Oberstlieutenant, einsah, dass bei dem hohen Alter des kaiserlichen Feldmarschalls Grafen v. Bellegarde nach dessen Hinscheiden er Wien zu verlassen und eine unstäte Garnison zu beziehen habe, hatte er die Versteigerung seiner Sammlung vorbereitet, fand aber durch Vermittelung des Münzhändlers Dr. Cajetan Senoner die erwünschte Gelegenheit, diese sammt der numismatischen Bibliothek, welche nach dem Verzeichnisse aus 44 Nummern der besten Werke bestand, im Jänner 1837 an Se. Durchlaucht den Fürsten Karl Egon von Fürstenberg nach Donaueschingen um 6683 Gulden C. M. (zu drei Zwanzigern den Gulden gerechnet und in drei Raten zahlbar) zu verkaufen.

Oberst von Hayek brachte nach des Doctors Franz Salesius Frank Tode († 1842, s. oben'S. 45) dessen Münzsammlung an sich, vermehrte sie mit einigen hundert werthvollen Exemplaren, von denen in der Vorerinnerung zum Frank'schen Kataloge, in welchem unter dem Ausdrucke „der gegenwärtige Besitzer dieser Sammlung" Herr von Hayek gemeint ist — 22 Stücke mit ihren Nummern besonders bezeichnet sind, und liess sie im October 1844 versteigern. Der Ertrag war 10.880 Gulden 17 Kreuzer C. M. Sie zählte nach dem zur Licitation angefertigten gedruckten Verzeichnisse 2481 Nummern und 78 Medaillen auf berühmte Personen, welche das Münzrecht nicht hatten.

Auch hatte Herr von Hayek eine mittelmässige Sammlung von römischen Silber- und Bronzemünzen, die er zu Anfang der Vierziger Jahre an den Münzhändler Joseph Oberndörffer verkaufte.

XXXV. Wilhelm Freiherr von Hammerstein-Equord, k. k. General der Cavallerie, † in Brünn 1861.

Wilhelm Freiherr von Hammerstein, einer sehr alten Familie entsprossen und am 3. März 1785 zu Hildesheim geboren, war erst in Kur-Hannover'schen Diensten und that sich in der Schlacht bei Jena im Jahre 1806 hervor, ward später Rittmeister unter König Hieronymus Napoleon in Westphalen, focht 1809 rühmlich in Portugal und erhielt vom Kaiser Napoleon die Ehrenlegion. Nach der Rückkehr ward er Ordinanzoffficier seines Königs, zog mit dessen Gefolge nach Russland und kehrte mit ihm wieder nach Cassel zurück und ward Oberst. Im Jahre 1813 befehligte er nach Aufkündung des Waffenstillstandes die Avantgarde, trat aber bei Lübbenau mit seinem Huszarenregimente zur österreichischen Armee über. Nun machte er den Feldzug in der österreichisch-deutschen Legion unter dem Grafen Bubna in Südfrankreich mit, ward 1823 Generalmajor, rückte 1832 zum Feldmarschall-Lieutenant vor, machte 1836 eine Reise nach England und im folgenden Jahre durch Deutschland nach Russland und Griechenland, ward am 1. November 1837 Divisionär in wechselnden Stationen. Mit allerhöchster Entschliessung vom 16. September 1844 erhielt er den österreichischen Freiherrenstand am 10. October 1845, hierauf am 29. November mit dem Prädicate von Equord (einer Familienbesitzung) und später noch die Bewilligung in seinem Wappen die Grafenkrone auf dem Schilde ausnahmsweise zu führen. Im Jahre 1846 ward er commandirender General in Galizien, wo er am 1. November 1848, als die Unruhen in Lemberg eine sehr bedenkliche Wendung annahmen, die Stadt beschiessen liess. Am 8. November ward er General der Cavallerie und hielt bei dem Fortschritte der Revolution im benachbarten Ungern jede Ruhestörung durch Verhängung des Belagerungszustandes über Galizien und die Bukowina thatkräftig zurück. Wegen seiner Schwerhörigkeit trat er im Jahre 1849 in den Ruhestand und starb, in zwei Ehen kinderlos, zu Brünn am 13. Februar 1861. (Das Nähere in v. Wurzbach's biographischem Lexikon. Bd. VII, 291 f.) Freiherr von Hammerstein lebte um das Jahr 1836 in Wien, wo Referent dessen Münzsammlung, die eine universelle war, und vorzüglich schöne Thaler von Salzburg, wie auch Medaillen enthielt, mehrmal gesehen hat. Kurz vor dessen Hinscheiden kaufte sie der Münzhändler Joseph Oberndörffer, durch den sie meist gebildet worden war.

XXXVI. **Eduard von Maretich Freiherr von Riv-Alpon, k. k. Generalmajor, † 18. Mai 1861.**

Jakob Maretich (auch Maretič), einer guten, alten croatischen Familie, die manchen tapfern Kriegsmann zählte, entsprossen, hatte im siebenjährigen Kriege bei Liegnitz und Landshut sich ausgezeichnet, dann im Türkenkriege als Commandant der Landesdefension bei dem Cordonposten die erspriesslichsten Dienste geleistet und ward als Hauptmann des Warasdin - St. - Georger

Infanterie-Regiments am 28. December 1791 in den Adelstand erhoben.

Dessen Sohn Ernst Gideon, der diesen seinen Taufnamen von seinem Pathen, dem Kriegshelden Ernst Gideon Freiherrn von Loudon, erhalten hatte, war 1771 zu Neustadt in Mähren geboren und in der Wiener-Neustädter Militärakademie erzogen, trat 1787 als Cadet ein, diente 1788 im Türkenkriege, hierauf von 1793 — 1814 in den Niederlanden, Deutschland und Italien, 1815 in Frankreich und 1821 in Piemont, und machte 17 Campagnen mit. Als Major im k. k. General-Quartiermeisterstabe erwarb er sich am 15. November 1813 in drei Stürmen gegen den Feind von 3000 Mann auf die Brücke bei Villa nuova am Alponflusse durch Muth und Entschlossenheit den Maria Theresien-Orden laut Diplom ddo. Frankfurt 5. December 1813 und ward in Folge dessen den Ordensstatuten gemäss am 2. Jänner 1822 in den Freiherrenstand mit dem Prädicate von Riv-Alpon erhoben[1]). Er starb als Oberst zu Agram am 3. Mai 1839.

Dessen Sohn Ernst Freiherr v. Maretich, 1807 zu Pesth geboren, Zögling der k. k. Ingenieur-Akademie, ward 1827 Lieutenant im Geniecorps, in welchem er in vielfacher Verwendung zu Temeswar und Essegg, in Semlin und Zara, wie auch in Mainz im Jahre 1834 zum Hauptmanne vorrückte, ward dann vom Jahre 1839 ab durch fünf Jahre als Professor der Situationszeichnung in der k. k. Ingenieur-Akademie, in der er eine namhafte Anzahl geschickter und fertiger Zeichner ausbildete, verwendet, kam hierauf als Genie-Director nach Peschiera und nach dem Friedensschlusse mit Sardinien (6. August 1849) in gleicher Eigenschaft nach Mantua, ward im Mai 1854 Oberstlieutenant und im November desselben Jahres Oberster und Genie-Director in Wien. Hier erfolgte am 8. April 1861 seine Ernennung zum Generalmajor und Festungscommandanten in Zara, wo er kurz nach seiner Ankunft den 19. Mai einem schnellen Tode erlag.

Baron von Maretich erhielt als Knabe am 18. März 1818 von seiner Mutter eine Münze und sammelte von so frühem Alter an mit rastlosem Eifer über 40 Jahre lang, wodurch die grosse Anzahl von

---

[1]) Das Nähere siehe in „der Militär-Maria-Theresien-Orden und seine Mitglieder", von Dr. Hirtenfeld, Wien 1857, Bd. II, 1203 f.

beiläufig 35.000 zum Theile seltenen Stücken erklärt wird. Er war ein schlichter, einfacher Ehrenmann, fern von allem Spiel und jeglicher Leidenschaft mit Ausnahme der Numismatik, der er seine Ersparnisse und alle seine Musse widmete. Da er eine diensttreue, seltene Arbeitskraft war, ward er, wie wenige Genieofficiere, in den verschiedensten Provinzen des Kaiserstaates verwendet. Am meisten soll er, wie mir dessen Frau Witwe berichtet, zu Mantua, wohin er im Jahre 1849 gekommen, seine Sammlung bereichert haben, fand jedoch daselbst keine Zeit seine Münzen zu ordnen und zu beschreiben. Erst nach seiner Versetzung nach Wien konnte er durch 6 Jahre seine Nachmittagsstunden von 4 Uhr an dieser Arbeit widmen und verfasste das geschichtlich-geographisch-numismatische Werk in 25 dicken Fascikeln in Folio, das er vor beinahe 20 Jahren begonnen hatte.

XXXVII. Isidor Löwenstern, † um 1860.

Isidor Löwenstern, zu Wien um 1810 geboren, getaufter Israelit und Banquier, dem Referenten als junger aufstrebender Mann wohl bekannt, sammelte zwischen den Jahren 1830 — 1840 besonders Thaler und hatte hievon Exemplare von der grössten Schönheit, indem er in jugendlicher Hast keine Preise scheute. Voll Talent lernte er fleissig Sprachen, auch orientalische, machte eine Reise nach Ägypten und anderen Ländern des Orients, ward aber während seiner Abwesenheit von seinem Geschäftsführer, der sein Hofmeister gewesen sein soll, um einen grossen Theil seines Vermögens gebracht. Die Ehe, die er gegen den Rath seiner älteren wohlmeinenden Freunde geschlossen hatte, machte ihn nicht glücklich, voll unruhigen Temperaments und beweglichen Sinnes, der manchmal seinen Sparren hervortreten liess, begab er sich nach Paris und London, wie auch nach Mexico, worüber er, wie ich hörte, ein etwas oberflächliches Buch geschrieben haben soll. Hierauf machte er eine Reise nach Indien, Persien, Babylonien, vertiefte sich in die Archäologie und veröffentlichte die: „Exposé des Elemens constitutifs du Système de la troisième Ecriture cunéiforme de Persépolis". Paris 1847; dann gleichfalls gegen Rawlinson: Remarques sur la deuxième Ecriture cunéiforme (Elamite) de Persépolis. Revue Archéologique. Paris 1850. Ein Schreiben ddo. Paris 25. Februar 1850 gegen denselben englischen Major über dessen in der königl. .

asiatischen Gesellschaft gehaltenen Vortrag s. in Galignani's Messenger Nr. 10.936. Paris; Thursday, February 28, 1850, in dem er sich Chevalier (?) Isidore Loewenstein unterzeichnet. Der gelehrte Orientalist Dr. Anton Boller, Professor des Sanskrit an der Wiener Universität, sagt mir über diese Leistungen Löwenstern's: „Die reichen Schätze, welche aus den Ruinen Ninive's zu Tage gefördert wurden, erregten Löwenstern's Aufmerksamkeit und sein reger Geist suchte nach dem Schlüssel, welcher dieselben für die Wissenschaft erschliessen sollte. Eine glückliche Combinationsgabe liess ihn den Charakter der Schrift und der Sprache erkennen und es wird sein bleibendes Verdienst um die Wissenschaft sein, den aramäischen Sprachtypus der Inschriften zuerst begründet zu haben".

Ein Theil dieser Privatsammlungen kam noch bei Lebzeiten ihrer Besitzer, der grössere aber nach deren Tode durch die Erben in fremde Hände. Manchen dieser Erben gebrach es an den erforderlichen Kenntnissen, an Vorliebe und Sinn für die Münzkunde, manche, besonders wenn deren mehrere waren, bedurften des Geldes, andere wollten nicht ein bedeutendes Capital todt liegen haben, und so wurden Sammlungen bald im Ganzen, bald in stückweiser Versteigerung an den Meistbietenden verkauft, und bereicherten theils öffentliche in- und ausländische Cabinete und Museen, wie sie die neueste wache Zeit in allen Ländern hervorgerufen hat, theils die Sammlungen anderer Privaten, vornehmlich des jüngeren numismatischen Nachwuchses.

Alle oben namhaft gemachten Sammlungen traf das Schicksal ihrer Auflösung, der auch die der jüngstverstorbenen Herren v. Almásy (Nr. XXX), des Dr. Brants (Nr. XXXII) und des Freiherrn v. Maretich (Nr. XXXVI), wenn sie Käufer finden, entgegen harren. Major v. Tonelli (Nr. XXXI) that das Löblichste, indem er die Sammlung seiner Münzen und Antiquitäten der Stadt Trient vermachte; die Sammlung des k. k. FML. von Hayek (Nr. XXXIV) ist käuflich der fürstlich Fürstenberg'schen zu Donaueschingen einverleibt worden. Die Frau Witwe Lemann (Nr. XXI) ist aus Pietät noch im Besitze der Sammlung ihres dahingeschiedenen biedern

Gatten; nur die Sammlung des Stiftes Heiligenkreuz, welche der hochwürdige Herr We is (Nr. XXXIII) mit aller Liebe und Sorgfalt pflegte und mehrte, ist, als einer geistlichen Körperschaft gehörig, derselben verblieben.

Wir haben absichtlich die Sammler mit ihren Sammlungen nach der Zeit ihres Hinscheidens geordnet, weil mit demselben gar oft der Übergang ganzer Sammlungen oder einzelner, seltener und werthvoller Stücke an andere Besitzer zusammenhängt, so dass man die Wanderung manches interessanten Thalers verfolgen kann — et sua habent numismata fata!

So haben wir in XXXVII Nummern 33 M ä n n e r und 5 Frauen, welche in und aus Österreich, vornehmlich zu Wien die Numismatik hegten und pflegten, mit ihren Sammlungen den Freunden unserer Wissenschaft vorgeführt und wollen sie zu klarerer Übersicht in Gruppen stellen mit Beifügung ihrer Nummern, damit der Leser jeden Einzelnen leichter finde. Voran stellen wir die numismatischen Frauen und zwar Nr. I Ihre k. Hoheit die Frau Erzherzoginn Maria Anna, welche die Histoire métallique Ihrer kaiserlichen Mutter Maria Theresia schrieb; Frau von Dickmann-Secherau Nr. XIV; die Frauen de Roux und Spöttl, beide unter Nr. VIII und Frau Karoline Höfel, geborne Mark Nr. XV.

Die Männer, welche über Numismatik schrieben, sind: Agnethler Nr. II, v. Ankerberg Nr. IX, Appl Nr. XIII, Frà Paulin à St. Bartholomaeo Nr. IV, Baron v. Bretfeld-Chlumczansky Nr. XVII, Professor Dr. Stephan Endlicher Nr. XXIII, Franz Salesius Frank Nr. XVIII, v. Madai aus Schemnitz Nr. III, der Exjesuit Weinhofer Nr. V, Welzl von Wellenheim Nr. XXII.

Wenn wir diese unsere Sammler nach ihren Ständen eintheilen, zählen wie die Militaire: FZM. Baron von Bonomo Nr. XXIV, den Baron von Hammerstein-Equord, General der Cavallerie Nr. XXXV; die FML. von Hayek Nr. XXXIV und Ludwig de Traux Nr. XXVII, den Generalmajor Baron v. Maretich Nr. XXXVI und den Major von Tonelli Nr. XXXI.

Geistliche sind: Frà Paulin à St. Bartholomaeo; Dompropst Ertl Nr. XVI, der Exjesuit Weinhofer und Johann Nepomuk Weis Nr. XXXIII.

Beamte: von Ankerberg, Joseph Appl, Baron von Bretfeld-Chlumczansky, Stephan Endlicher, v. Mader Nr. VI.

Megerle von Mühlfeld Nr. XIX, von Roschmann-Hörburg Nr. XI, von Stegner Nr. XXVI, Welzl von Wellenheim.

Ärzte: Agnethler, Gerhard Brants Nr. XXXII, Franz Salesius Frank und v. Madai.

Private: die Grafen von St. Genois (Nr. XXIX) und Heinrich v. Starhemberg Nr. XXVIII, Joseph Müller Freiherr von und zu Mühlegg Nr. VII, Jakob Ritter v. Frank Nr. X, die Herren v. Almásy Nr. XXX, von Held Nr. XII, von Koller Nr. XX, die Bürger Hondl Nr. XXV, Lemann Nr. XXI und der weitgereiste Isidor Löwenstern Nr. XXXVII.